构建服务
共同富裕的
金融体系

国务院发展研究中心金融研究所
中 粮 信 托 良 益 研 究 院　联合课题组　著

中国发展出版社
CHINA DEVELOPMENT PRESS

图书在版编目（CIP）数据

构建服务共同富裕的金融体系 / 国务院发展研究中
心金融研究所,中粮信托良益研究院联合课题组著 . —
北京 : 中国发展出版社,2024.3
　　ISBN 978-7-5177-1398-2

　　Ⅰ.①构… Ⅱ.①国…②中… Ⅲ.①金融体系 – 研
究 – 中国　Ⅳ.①F832.1

中国国家版本馆 CIP 数据核字（2024）第 015345 号

书　　　名:	构建服务共同富裕的金融体系
著作责任者:	国务院发展研究中心金融研究所 中 粮 信 托 良 益 研 究 院　联合课题组
责 任 编 辑:	杜　君　吴若瑜
出 版 发 行:	中国发展出版社
联 系 地 址:	北京经济技术开发区荣华中路 22 号亦城财富中心 1 号楼 8 层（100176）
标 准 书 号:	ISBN 978-7-5177-1398-2
经 销 者:	各地新华书店
印 刷 者:	北京博海升彩色印刷有限公司
开　　　本:	710mm×1000mm　1/16
印　　　张:	15
字　　　数:	210 千字
版　　　次:	2024 年 3 月第 1 版
印　　　次:	2024 年 3 月第 1 次印刷
定　　　价:	48.00 元

联 系 电 话:（010）68990625　68360970
购 书 热 线:（010）68990682　68990686
网 络 订 购: http://zgfzcbs.tmall.com
网 购 电 话:（010）88333349　68990639
本 社 网 址: http://www.develpress.com
电 子 邮 件: 121410231@qq.com

目　录

序　言

1978 年改革开放以来，我国在经济增长和社会事业发展上取得巨大成就，人民生活水平不断提高，获得感、幸福感和安全感持续提升。雄厚的发展基础为我国着手缩小收入分配差距提供了条件。2022 年，党的二十大报告强调"共同富裕是中国特色社会主义的本质要求"，提出"着力促进全体人民共同富裕"。随着全面建成小康社会、实现第一个百年奋斗目标，并开启全面建设社会主义现代化国家新征程，我国已经到了扎实推进共同富裕的历史阶段。扎实推进共同富裕既要做大"蛋糕"，又要分好"蛋糕"①。金融是现代经济的核心，是资源配置和宏观调控的有力手段，也是推动社会福利改善的重要力量。随着社会主义市场经济建设向更高水平推进，金融对居民收入和财富增长的影响越来越大，进而会显著影响全社会收入分配格局。

贯彻落实习近平新时代中国特色社会主义思想，走中国特色金融发展之路，构建服务共同富裕的金融体系，核心是既要推动经济持续发展把"蛋糕"做大，又要形成合理机制促使"蛋糕"分好，还要建设有效的金融安全网把"蛋糕"保护好。我国现代金融体系的建设持续快速推进，在此过程中面临外部风险冲击、金融科技发展、绿色金融兴起等新局面。虽然体量与质量已经有了长足进步，但与时代要求相比，我国金融体系在促进共同富裕方面仍有提升空间，需要在宏观金融结构、监管体制、金融机

---

① 2021 年 12 月，中央经济工作会议提出，实现共同富裕目标，首先要通过全国人民共同奋斗把"蛋糕"做大做好，然后通过合理的制度安排把"蛋糕"切好分好。

构公司治理等方面持续深化改革。

　　本书内容聚焦于金融体系对共同富裕的影响，从我国金融实践出发，研究金融重点行业和重点领域支持共同富裕的路径，并提出相关政策建议。20世纪80年代以来，全球主要经济体收入分配差距拉大，金融自由化和国际化是重要影响因素。这些经济体走过的弯路我们在深化金融改革过程中要避免。本书课题组在研究中注重结合中国的金融实践，同时也注重借鉴国际经验，力争提出有针对性的政策建议和措施。本书由课题组同志共同完成，课题研究由吴振宇、刘燕松统筹，曲晓燕、贺洋协调。第一章由王刚、张嘉明、于涛执笔，第二章由贺洋执笔，第三章由田辉、邵弋执笔，第四章由曲晓燕、曹超、邹建峰、乐绍池执笔，第五章由陈宁、张嘉明、贺洋、曹胜熙执笔，第六章由郑醒尘、孙飞、田辉、邵弋执笔。由于学识和能力所限，研究中不足之处在所难免，请读者不吝赐教，我们将在未来的研究中改进。

第一章

建设促进共同富裕的银行业

从资产上看，银行业是我国金融体系的主体，是金融支持经济发展和促进共同富裕的主力军[①]。实现全体人民共同富裕需要"双轮驱动"：既要依靠可持续的经济发展不断做大"蛋糕"，也要通过优化收入分配分好"蛋糕"。银行业金融机构在扎实推进共同富裕过程中发挥着重要作用。

[①]　2023 年一季度末，我国银行业金融机构总资产达 397.25 万亿元，同比增长 11%，占金融机构总资产比重为 90.42%。

第一节　银行业支持共同富裕的作用机制与国际经验

一、银行业支持共同富裕的作用机制

银行业支持共同富裕的路径主要有市场化和政策性两类。第一类是秉持市场化原则，推动更多银行信贷资源基于商业利益考量优化资源配置，提高生产效率，推动经济可持续增长，进而促进共同富裕的实现。第二类是在微利和公益领域，通过政策性银行更好引导信贷资金投向弱势群体和个人，弥补财政扶持资金的不足，推动低收入群体和个人福利提升，进而促进共同富裕的实现。

我国金融机构虽以国有控股为主，但各类机构的战略定位、商业模式、业务布局和股权结构存在显著差异，因而对经济增长的作用各有不同。政策性金融机构主要从涉及基础建设、农业和对外贸易等国家重大战略的角度，着眼于商业性金融机构从单纯的风险和利润角度难以或没有动力参与的业务，遵循"保本微利"原则促使国家重大战略落地，进而促进经济增长。商业性金融机构结合我国经济发展和结构转型的需要，基于利润最大化和商业可持续原则发挥信贷资源的优化配置及风险识别作用，从而调动金融资源更好地支持和服务实体经济。合作性金融机构则主要基于互助原则和属地等信息优势，发挥对"三农"等领域经济增长的支撑作用。通过构建为共同富裕发展服务的银行业金融体制与机制，可以为共同富裕创造良好的金融环境，实现包括欠发达地区人口和弱势群体在内的全体人民收入水平的共同提升。

二、银行业支持共同富裕的国际经验

（一）社区银行利用"软信息"服务小微企业

根据美国独立社区银行协会（ICBA）的定义，社区银行是一种独立的、在一定区域内经营的金融机构，主要服务于中小微企业和个人客户，其资产规模在数千万美元至数十亿美元。美国社区银行最大的特点是专注于服务本区域内的企业和个人客户。一般认为，社区银行发放的贷款主要是关系型贷款。关系型贷款通常与"软信息"相联系。"软信息"是银行与企业、企业家及当地社区通过长时间交往而获得的，具有不易观察、不易证实、不易传递等特点。在银行中，贷款经理是对"软信息"掌握最多的人员，与小企业、小企业主及其雇员有着最多的私人接触。而且贷款经理一般生活在当地社区中，对与贷款企业相关的其他企业、个人和当地市场状况都有所了解，可以直接观察到企业和企业主的财务状况。在小银行中，贷款经理的角色一般由银行行长来担任，即银行行长评估并决定是否发放贷款。而银行行长同时又是银行的股东，这使银行的所有权、经营管理权和实际业务决策权得以统一，通过减少银行内部管理层级解决了委托代理问题。

根据美国联邦存款保险公司（FDIC）的数据，虽然社区银行的规模相对较小，但在房地产、小企业和农业方面发放的贷款所占的比重远超其在整个银行业中的相对规模。社区银行发放的贷款占银行业贷款总额的15%，但其房地产贷款额度占银行业全部房地产贷款额度的30%，小企业贷款额度占银行业全部小企业贷款额度的36%，农业贷款额度占银行业全部农业贷款额度的70%。这些指标反映出，社区银行是美国普惠金融领域的重要力量。此外，美国社区银行不仅在经济和人口双增长的地区取得了成功，同时也在满足经济活力较弱的地区比如以农业为主和人口下降地区的信贷需求。需要注意的是，近年来金融科技的发展为美国社区银行带来新的挑战，其如何继续在传统优势领域保持市场份额值得进一步关注。

（二）政策性金融机构助力普惠金融

日本政策金融公库成立于 2008 年，是日本政府独资的金融机构，由原来的国民生活金融公库、中小企业金融公库和农林渔业金融公库三个政策性金融机构合并而成，在日本有 150 多家分支机构。日本政策金融公库针对中小企业特点提供政策性贷款，其利率普遍较低、贷款期限较长、大多不需要担保，为初创期的企业生存和发展提供了有力保障。另外，日本政策金融公库还关注企业成长过程中综合能力的提高，为企业提供技术开发支持贷款及经营革新支持贷款等，激励企业进行技术创新。

日本政策金融公库发放的贷款主要有三大类，分别是国民生活事业贷款、中小企业事业贷款和农林水产事业贷款，每一类下面又有更为具体的子类。日本政策金融公库通过财政投融资资金借款、政府保证债券、政府出资以及财投机构债券[①]等多种渠道筹措资金。除了财投机构债券之外，日本政策金融公库的其他资金均来源于政府支持。日本政策金融公库正常开展业务情况下的经营性盈亏并不影响其政策性功能的发挥，关键原因就是日本政府持续注资。截至 2022 年末，日本政策金融公库贷款余额超过 28 万亿日元，其中农林渔业和食品业贷款 3.7 万亿日元，中小企业贷款 8.4 万亿日元，微型企业和个人贷款 12.2 万亿日元，惠及 120 万户主体。

---

① 财投机构债券是由日本政策投资银行、高速道路机构等发行的没有政府担保的债券。

（三）多渠道支持区域协调发展

一是对欠发达地区实施差异化货币金融政策。许多国家的中央银行都曾制定特殊货币政策，鼓励信贷等金融资源流向欠发达地区。如美联储为鼓励资金流向西部地区，根据银行和地区的差别，设置差异化存款准备金率。1917 年美联储规定的存款准备金率为中心储备城市银行 13%、储备城市银行 10%、乡村银行 7%。1935 年纽约、芝加哥等发达地区国民银行存款准备金率最高为 26%，不发达地区如阿肯色州、得克萨斯州的国民银行存款准备金率最低限额为 14%，相差 12 个百分点。1945 年以来，美联储针对不同地区银行设置差异化准备金率的做法并未改变。

二是成立政策性金融机构推动欠发达地区经济发展。美国先后设立农业信贷机构、住宅建设信贷机构等多种政策性金融机构。日本成立北海道开发公库，以支持北海道等落后地区发展。印度成立农业和农村发展银行，以支持农村金融发展。上述机构的业务特征是向欠发达地区或农业等弱势领域提供利率更低、期限更长的优惠性质贷款，支持落后地区和薄弱产业发展。

三是设立基金并与当地银行业金融机构互动，支持区域协调发展。欧盟设立名为"结构和投资基金"（ESIF）的特殊目的发展基金，作为缩小区域发展差距的主要金融工具。"结构和投资基金"包括欧洲区域发展基金、欧洲社会基金、凝聚力基金、欧洲农村发展农业基金以及欧洲海事和渔业基金五只子基金，主要用于支持落后国家和地区的经济发展并促进农村地区发展。据统计，近年来欧盟约一半的预算资金通过"结构和投资基金"来分配，且大部分资金投向欧盟经济相对落后的国家和地区。这些发展基金可以撬动银行业金融机构的贷款，共同促进区域经济发展。

第二节 银行业服务共同富裕的主要做法

在促进城乡实体经济发展、提高居民收入、推动"做大蛋糕"的同时，近年来各类银行业金融机构深入推进供给侧结构性改革，聚焦金融服务的薄弱环节持续发力，加大对欠发达地区、弱势群体的金融支持力度，发展财富管理业务，推动优化收入分配，支持实现共同富裕。

一、持续深耕普惠金融

银行业提供的普惠金融服务可以通过门槛降低效应、消费拉动效应、创新创业激励效应等促进经济增长，缓解贫困，增加中等收入人群数量，推动实现共同富裕目标。近年来我国普惠小微企业贷款利率不断走低、覆盖面不断扩大，有效缓解了借款机构和个人融资贵问题，有力地支持了广大中小微企业、个体工商户以及"三农"组织的发展。

中央政府多渠道强化制度保障，推动普惠金融战略的有效落实。一是监管部门和商业银行成立推进普惠金融业务的专门机构。二是加大资金支持力度，设立额度达5000亿元的国家融资担保基金，约占全国现有融资担保业务额度的1/4，着力缓解小微企业、"三农"等普惠领域融资难、融资贵问题。三是细化目标促进落实。比如，2019年《政府工作报告》首次对银行业发放小微企业贷款设定定量目标，明确要求"国有大型商业银行小微企业贷款要增长30%以上"。

在政策引导下，商业银行加大工作力度，推动普惠金融业务发展。一是管理机构专职化。五家大型商业银行均已设立普惠金融专职机构，并建立了相关治理架构。二是提升网点覆盖率。大型商业银行近年来均加强了在县域和农村地区的网点建设，扩大了金融服务的覆盖范围。三是加强资源投入。随着全国经济的持续快速发展，小微企业、"三农"等客户数量大规模增长，对普惠金融服务的需求也随之增大。商业银行出于对国家政策和市场竞争的双重考虑，逐步在普惠金融领域加强资源配置，在小微企业融资、涉农和扶贫贷款等业务上增加信贷投入。四是提供多样化产品和服务。为适应市场竞争及匹配成本效益，根据普惠金融客户群体特点，商业银行在小微企业融资、个人信贷、涉农贷款等业务领域的产品设计上，逐步放宽了准入限制和标准，客户营销和业务续做正转向批量化、便捷化，产品种类逐渐丰富，新型服务模式不断诞生，较大程度上改善了以往耗时长、程序复杂和准入难的情况，提供了更加多样化的产品选择。五是加快金融科技的推广应用。各大商业银行高度重视网络金融，均确立了互联网金融的战略目标，借助数字化手段提升金融服务效率和扩大服务范围，产品、服务正由线下向线上逐步迁移。积极利用金融科技等手段加大对小微企业信用贷款、首贷、续贷和中长期贷款产品的开发及推广力度，精准满足市场主体融资需求，持续向小微企业合理让利，实现普惠小微企业贷款"增量、扩面、降本、提质"，推动城乡金融服务更加均衡发展。

伴随金融服务覆盖面不断扩大，我国小微企业、"三农"等普惠领域的金融可获得性持续提升，扶贫小额信贷发展迅速。普惠金融领域贷款余额从 2018 年末的 13.4 万亿元增长至 2022 年末的 32.1 万亿元，增长约 1.4 倍；普惠小微企业贷款余额从 8 万亿元增长至 23.8 万亿元，增长近 2 倍，其间贷款余额始终保持两位数的年增长率（见图 1-1）；普惠小微企业的授信户数为 5652 万户，同比增长 26.8%。截至 2023 年 3 月末，银行普惠小微企业贷款余额 25.9 万亿元，同比增长 25.8%，较其他各项贷款增速高 14.6 个百分点；有贷款余额的普惠小微企业达到 4010.5 万户。

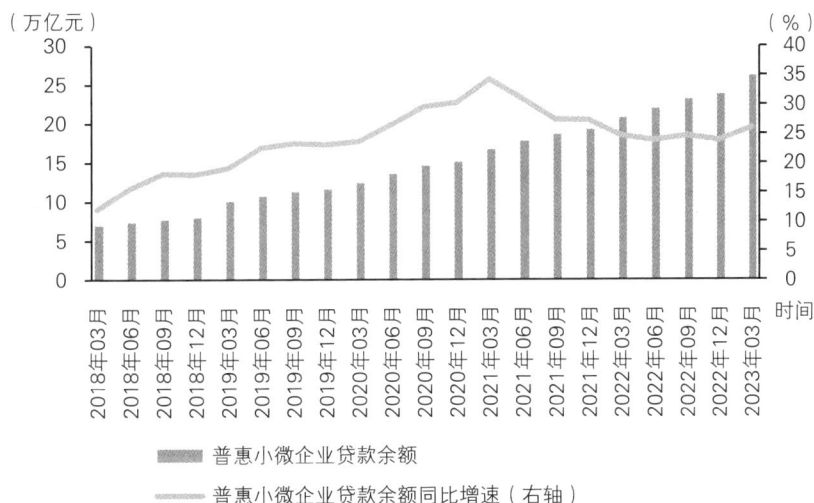

图 1-1 2018 年 3 月—2023 年 3 月我国普惠小微企业贷款余额及增速

资料来源：万得资讯。

分银行类型来看，大型商业银行、股份制商业银行、城市商业银行和农村金融机构普惠小微企业贷款余额都明显增加，特别是大型商业银行普惠小微企业贷款余额增速最快。截至 2023 年一季度末，上述 4 种类型商业银行普惠小微企业贷款余额分别为 9.94 万亿元、4.29 万亿元、3.53 万亿元和 7.55 万亿元，分别是 2019 年一季度末的 3.9 倍、2.3 倍、2.4 倍和 1.9 倍（见图 1-2）。总的看，小微企业融资难、融资贵问题得到一定程度的缓解。

（万亿元）

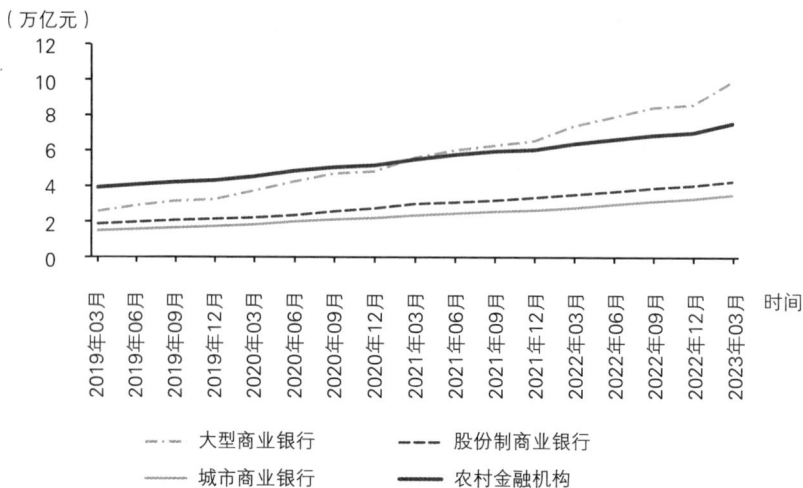

图 1-2　2019 年 3 月—2023 年 3 月不同类型商业银行普惠小微企业贷款余额
资料来源：万得资讯。

二、优化政策保障体系，大力推进乡村振兴

（一）优化银行业支持乡村振兴的政策保障体系

为推动金融机构克服农村融资困境，更好满足"三农"融资需求，近年来相关部委不断完善金融支持乡村振兴政策体系，力求形成货币政策、财税政策和监管政策协同效应。

在货币政策方面，一是优化差异化存款准备金率制度。坚持基于机构类别的优惠，对服务县域的农村金融机构执行最优惠的存款准备金政策。目前农村商业银行、农村合作银行、农村信用社和村镇银行执行 5% 的最优惠存款准备金率，比大型商业银行低 4 个百分点。优化基于业务类别的优惠，继续实施普惠金融定向降准。对向包括"三农"在内的普惠金融领域投放达到一定标准的商业银行，执行 0.5~1.5 个百分点的存款准备金率优惠。二是完善支农支小再贷款、再贴现政策。适度下调支农支小再贷款利率（见图 1-3、图 1-4），加强支农支小再贷款管理。明确全部采取"先贷后借"模式发放，加强台账管理，确保精准"滴灌"。提高再贷款政策普惠性。要求金融机构合理确定每亿元再贷款支持的经营主体户数，优先对涉农票据、小微企业和民营企业票据贴现。

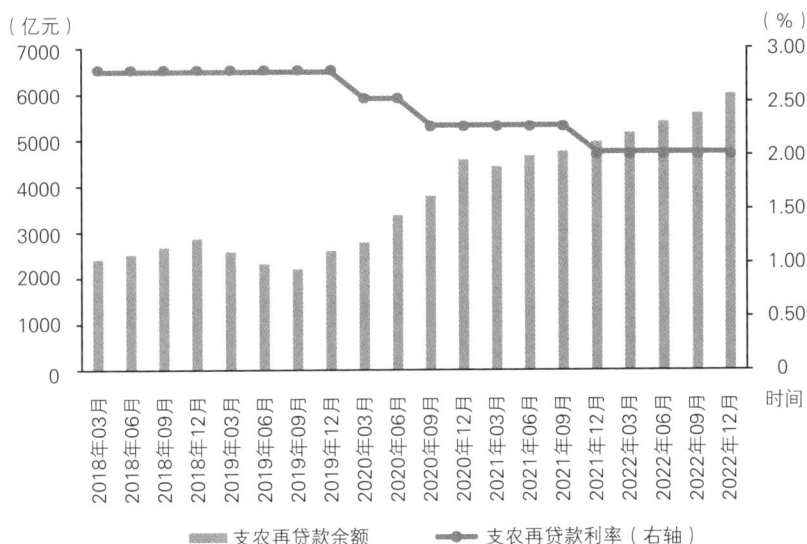

图 1-3 2018—2022 年我国支农再贷款余额与利率

资料来源：万得资讯。

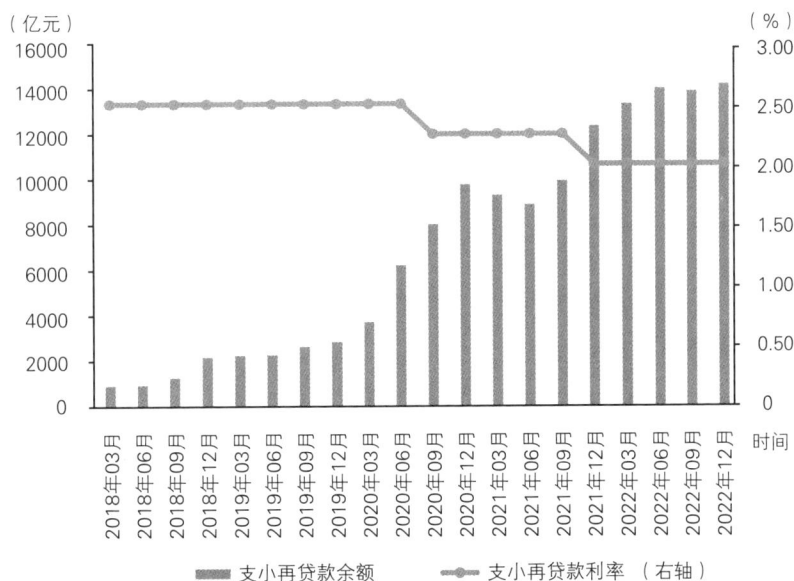

图 1-4 2018—2022 年我国支小再贷款余额与利率

资料来源：万得资讯。

在财税政策方面，强化政府融资性担保增信作用。督促地方各级政府融资担保、再担保机构进一步提高支农支小业务占比，确保新增小微企业和"三农"融资担保金额及户数占比均不低于80%，其中新增单户500万元以下小微企业和"三农"融资担保金额不低于50%。

在银行监管政策方面，一是落实《国家乡村振兴战略规划（2018—2022年）》相关要求，出台金融支持乡村振兴政策制度。2019年《关于金融服务乡村振兴的指导意见》发布，明确短期和中长期农村金融体系发展目标，对各类银行业金融机构服务乡村振兴提出差异化监管要求。2021年《关于金融支持巩固拓展脱贫攻坚成果全面推进乡村振兴的意见》发布，要求金融机构围绕巩固拓展脱贫攻坚成果等8个重点领域，加大信贷投放力度，并将涉农贷款风险容忍度从不高于贷款平均不良率2个百分点提高到3个百分点。二是引导地方法人金融机构回归本源、回归主业。2019年原银保监会①印发《关于推进农村商业银行坚守定位强化治理提升金融服务能力的意见》，要求农村金融机构准确把握自身在银行体系的差异化定位，专注服务本地、县域和社区，专注服务"三农"，并形成量化考核评估体系。2019年底，原银保监会发文要求村镇银行坚持扎根县域，专注信贷主业，有效提升服务乡村振兴的适配性和能力。三是细化普惠金融差异化考核机制。2020年，原银保监会发文，要求所有银行业金融机构单列涉农和普惠型涉农信贷计划，在保持同口径涉农贷款和普惠型涉农贷款余额持续增长的基础上，完成差异化的普惠涉农贷款增速考核目标。四是落实《乡村振兴促进法》要求，出台《金融机构服务乡村振兴考核评估办法》（简称《办法》）。《办法》明确两部门基于定性评价和定量分析相结合的原则，对除中国进出口银行和外资银行外的所有银行业金融机构，按年度联合开展考核评估，并

---

① 2023年，根据国务院关于提请审议国务院机构改革方案的议案，中国银保监会不再保留。为了便于读者识别和理解，本书在提到该机构名称时前加"原"字。其他不再保留的机构同此处理，不再赘释。——编者注

明确将考评结果与中国人民银行和原银保监会履职政策工具挂钩。

（二）银行支持乡村振兴模式发生重要变化

一是资金投入方向从"补齐短板"向"提升质效"需求转变。脱贫攻坚目标实现后，乡村振兴金融服务的对象和范围都有大幅拓展，如更多投向规模化经营的新型农业经营主体，政策目标从单一的"补短板"托底向更为多元的"强质效"发展需求转变。二是产业支持模式从"产业扶贫"向"产业振兴"需求转变。金融扶贫主要通过信贷支持种植养殖等传统产业，多聚焦农户，对产业规模化、组织化支持不足。乡村振兴重在促进产业兴旺，使小规模经营主体升级为适度规模经营主体，因此对金融的需求也从之前的短期、外援输血式产业扶贫转向长效、内生造血式产业振兴发展。此外，产品支持方式也要从"特惠产品"转向"普惠产品"。金融扶贫主要集中在贫困县域的重点领域、重点项目和薄弱环节，转向乡村振兴后，优惠扶持政策逐步被覆盖面更广的普惠金融政策代替，相关精准扶贫类产品转为支持面更广的普惠类金融产品。三是服务延伸方式从"基础服务"向"深层服务"需求转变。乡村振兴背景下的农户、小微企业和新型农业经营主体需要多层次、全方位金融支持，需要各类银行业金融机构尤其是政策性、大型商业银行延伸服务半径，提升对经营主体的深度金融服务能力。

三、推动区域协调发展，缩小区域发展差距

当前我国经济社会发展还存在不平衡不充分的问题，主要表现之一是区域之间发展不平衡。区域发展水平的差距加大是居民收入差距拉大的重要原因。推动区域协调发展是扎实推进共同富裕的必然要求。银行业在促进区域协调发展方面发挥了重要作用。

（一）优化货币政策工具，调动银行业机构对信贷增长缓慢省份的投放积极性

通过调整货币政策，可以调动银行业机构对经济发展速度低的区域进行支持的积极性。2021 年，中国人民银行对 10 个信贷增长缓慢省份新增2000 亿元再贷款额度，并适当放宽再贷款发放对象的条件，惠及 39.2 万户市场主体，对地方法人银行信贷投放起到了牵引带动作用。同时，中国人民银行引导全国性商业银行发挥信贷支持"排头兵"作用，补足区域支持短板。2021 年末，六家国有大型商业银行在相关地区贷款余额同比增长11.7%，增速达到五年内新高；全年在相关地区新增贷款占其全国新增贷款的比例为 20.5%，较上年提升 2.1 个百分点。农业银行在相关地区县域的新增贷款占其全部县域新增贷款的 23.0%，较上年提高 2.8 个百分点。

（二）政策性开发性金融机构加大对欠发达地区的信贷支持力度

金融资源配置失衡会加剧区域之间在生产要素、产业基础等方面的两极分化，形成区域发展的马太效应，降低全社会的生产效率和经济增长质量。政策性金融是在政府支持下，以国家信用为基础，采取优惠利率的方式，为配合国家特定的经济和社会发展政策而进行的特殊性资金融通行为。因此，在资源配置过程中，政策性金融可以更好地统筹兼顾"效率"和"公平"的双重目标。近年来，国家开发银行、中国进出口银行和中国农业发展银行三家政策性银行在中西部地区发挥了积极作用，有力地促进了东西部地区之间资源和要素的有效流动，促进了西部地区税收和人均资本存量的增加。例如 2021 年末，三家政策性银行在 10 个信贷增长缓慢的省份贷款余额同比增长 7.6%，增速达到近五年新高；全年在相关地区新增贷款占其全国新增贷款的比例为 29.6%，较上年提升11.2 个百分点。

（三）商业银行为欠发达地区发展提供信贷支持

商业银行可以利用金融工具实现资金的跨区域流动。国有大型商业银行借助网点全国布局的优势，实行差异化内部考核和激励措施，加大对经济落后地区的金融支持力度。全国性股份制商业银行加快在全国各地布局，特别是扩大经济落后地区的信贷投放规模。区域商业银行聚焦本地经济发展，经济落后地区的商业银行优先为本地企业和居民提供全方位的金融服务。农村金融机构下沉到县域和农村，与其他银行业金融机构形成互补和错位发展，共同支持共同富裕。2005 年以来，中部、西部地区本外币贷款增速始终保持在较高水平，2005—2020 年年均增速分别为 15.6% 和 19%。值得注意的是，自 2005 年以来，经济发展相对落后的西部地区贷款增速一直高于中部地区，反映出金融业对经济发展相对落后地区的支持力度不断加大。不同期限的贷款中，中长期贷款对经济发展的推动作用更强。从中长期贷款增速来看，中西部地区也长期保持在 10% 以上，西部地区更是维持在 15% 以上。2005—2020 年中部、西部地区中长期贷款年均增速分别为 15.6% 和 22%。西部地区中长期贷款增速超过其总体贷款增速，银行业的支持作用凸显（见图 1-5）。

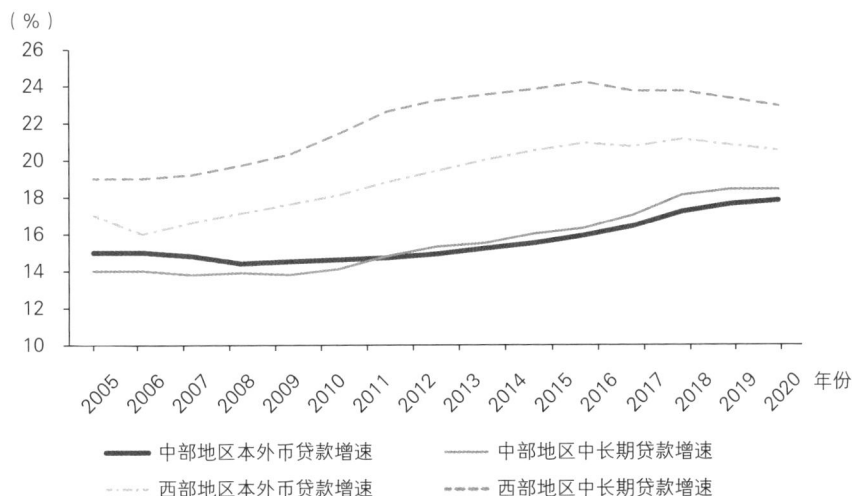

图 1-5　2005—2020 年我国中部、西部地区贷款增速

资料来源：万得资讯。

四、发展财富管理支持居民收入增长

（一）创新银行理财产品，增加居民财产性收入

随着银行理财产品越来越丰富，理财收入已经成为居民财产性收入的重要组成部分。扎实推进共同富裕过程中，银行理财可以在增加居民财产性收入方面发挥更大作用。一方面，对银行来说，发行理财产品是增加负债端资金来源的重要手段，银行业在理财产品创新方面面临的竞争日趋激烈，这也使得各银行加大产品创新力度，加快低费率、普惠型理财产品的研发，更好满足各类收入人群的理财需求。另一方面，在《关于规范金融机构资产管理业务的指导意见》（以下简称资管新规）的规范要求下，理财子公司从母行中分离出来，专门从事银行理财业务，其专业化运营有助于帮客户实现财产性收入的持续、稳健增长。

2005 年，原银监会发布《商业银行个人理财业务管理暂行办法》，标志着银行理财业务正式开启。随着资管新规的出台，银行理财业务进入更加规范的发展阶段，短期内规模有所减少，但从 2018 年开始逐步回升。到 2022 年末，我国银行理财产品资金规模达到 27.65 万亿元，处于历史较高水平（见图 1-6）。银行理财规模的爆发式增长一方面反映出居民收入增长引致的资产配置需求上升，另一方面也体现出银行业金融机构通过产品创新满足了居民日益增长的理财需求。

（二）支持养老金融高质量发展

完善养老体系是共同富裕的基础性制度安排。当前，我国正在加快

（万亿元）

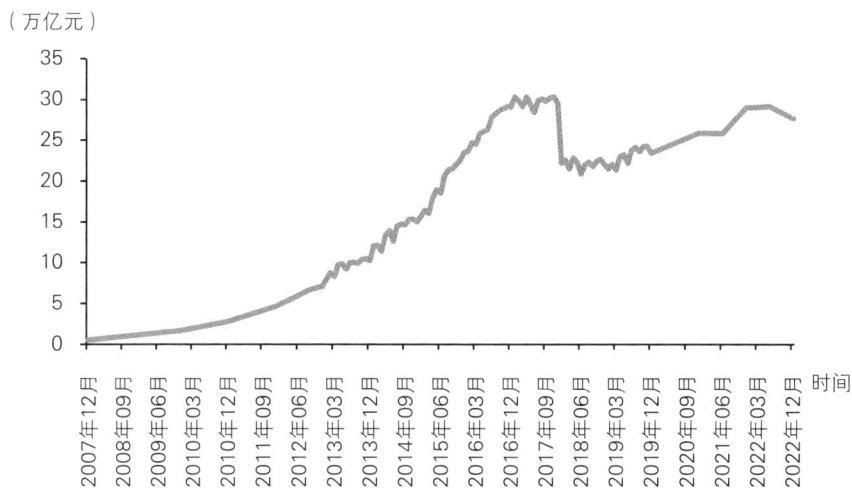

图 1-6　2007 年 12 月—2022 年 12 月我国银行理财产品资金余额

资料来源：万得资讯。

养老三支柱[①]建设，第三支柱个人账户也迎来财富管理的风口，银行业金融机构以此为契机，加快养老产品创新，支持养老金融高质量发展。一方面，技术领先的商业银行运用科技手段，提升养老财富管理服务的普惠性。在大数据、人工智能等科技手段的赋能下，部分商业银行率先进行养老金融产品创新，针对不同地区、不同行业的退休老人研发专属养老理财产品，使先进技术在养老财富管理中落地应用。另一方面，部分商业银行加强服务场景设计，拓宽养老金融服务的外延，打造功能强大、流程便捷的一站式养老金融服务体系。此外，还有商业银行通过开展养老政策普及宣导活动、提供养老规划咨询服务等形式，鼓励居民参与养老金储备。

---

① 我国的养老三支柱中第一支柱是基本养老保险，包括城镇职工基本养老保险和城乡居民基本养老保险，由政府主导；第二支柱即企业年金和职业年金，是与职业关联、由国家政策引导、单位和职工参与、市场运营管理、政府行政监督的补充养老保险；第三支柱包含个人储蓄型养老保险和商业养老保险，是个人利用金融手段增加养老保障供给的有效形式。

五、强化对弱势群体的金融支持

（一）推动农村脱贫和促进人力资本投资

政策性银行是推动农村脱贫、巩固拓展农村脱贫攻坚成果、助力乡村振兴的重要力量和特殊金融工具。中国农业发展银行是国家为支持"三农"发展专门设立的政策性银行，在推动"三农"发展中发挥了重要作用。中国农业发展银行通过市场化手段筹集资金，引导更多社会资金回流农村地区；通过资金运用的定向性、金融产品的优惠性和服务对象的普惠性，弥补市场竞争带来的城乡要素分配不合理问题，更好推动"三农"发展。"十三五"期间，中国农业发展银行累计发放精准扶贫贷款 2.32 万亿元，占全国金融机构精准扶贫贷款的 1/4[①]。

助学贷款等金融产品可以促进人力资本投资，缩小收入差距。国家开发银行等政策性银行是助学贷款的重要提供者。国家助学贷款作为践行普惠金融理念的重要手段，是助推教育公平、实施教育精准扶贫的有效抓手，有助于提升人力资本质量，更好发挥人口优势，推动经济实现长期、可持续、高质量发展。助学贷款惠及数千万学生，在提高人力资本积累的同时，也增加了特定低收入群体的未来收入，有助于缩小收入差距。

（二）"生产、供销、信用"三位一体综合合作推进乡村共同富裕

2006 年，习近平同志在浙江工作时，提出了农民专业合作、供销合作、信用合作"三位一体"发展的构想[②]；2006 年 12 月全省发展农村新型

---

① 脱贫攻坚期，政府针对建档立卡贫困户设计和实施了扶贫小额信贷政策，政策要点是"5 万元以下、3 年期以内、免担保免抵押、基准利率放贷、财政贴息、县建风险补偿金"。"十三五"期间，精准扶贫贷款累计发放 9.23 万亿元。
② 刘瑜颖、陈瑜艳：《浙江整合农业社会服务 专业、供销、信用合作"三位一体"》，央广网，2015 年 11 月 29 日。

合作经济工作现场会在温州瑞安召开；随后，这项改革试点向全省18个县（市、区）推广。2014年供销合作总社在浙江开展以生产、供销、信用"三位一体"合作为主要内容的综合改革试点，随后逐步在全国扩大试点范围。2017年中央一号文件提出积极发展生产、供销、信用"三位一体"综合合作。2021年中央一号文件明确"深化供销合作社综合改革，开展生产、供销、信用'三位一体'综合合作试点，健全服务农民生产生活综合平台"。

从试点情况看，各地"三位一体"综合合作主要分为复合、外联、内联、平台嵌入4种模式。复合模式主要是浙江省等地探索的依托农民合作经济组织联合会来开展综合合作的模式。外联模式主要是重庆市等地探索的供销合作社、农民专业合作社、农村信用社"三社"融合发展模式。内联模式主要是山东省、贵州省等地供销合作社开展的内部"三位一体"综合合作模式。平台嵌入模式主要是河北省、山东省、四川省等地以农村金融综合服务平台、土地托管服务平台为依托，将平台聚集的各类资源有效整合，为农民生产生活提供服务的模式。"三位一体"模式有助于缩小收入差距、全面推进乡村振兴、实现农业农村现代化、更好践行为农服务宗旨。

"三位一体"综合合作有利于优化农村资源要素配置，改进农业生产方式，提升农业生产效率。通过发展"三位一体"综合合作，能够促进各类资源要素在产业之间良性互动和渗透，有利于进行跨界集约化配置，将农业生产、农产品加工和销售、农村金融服务等有机整合在一起，促进一二三产业紧密相连、协同发展，最终实现农业产业链的延伸、产业范围的扩展、农业生产效益的提升和农民的增收。此外，"三位一体"综合合作的发展模式不仅让农民获得初级农产品生产的收益，还能使普通农户社员分享到农资提供、农产品加工和流通环节的利润，对农资提供和农产品加工业寡头垄断的市场格局也是一种冲击，有助于改善市场竞争结构。

第三节　当前银行业支持共同富裕面临的挑战

一、股东利益最大化的经营理念与治理体系需要改进

一是治理体系需要重构。在公司治理层面，需要与股东、管理层、政府监管部门和职代会达成促进共同富裕的共识。实践中，公司治理各主体各有诉求：股东想多赚取利润，可能对承担社会责任不感兴趣；政府期待银行促进就业、增加税收，为推进共同富裕做出更大贡献；职工可能更多从个人角度追求更高的薪酬待遇。将上述合理诉求整合起来，在公司治理层面达成共识难度较大；特别是在更多服务普惠客户和中低收入阶层时，很可能面临利润增速甚至利润规模下降的情况。

二是经营管理理念面临挑战。从完全以利润为导向转向考虑利益相关者利益，实现符合国家战略的长期发展，需要银行在制定战略、满足股东的诉求方面作较大转变。

二、银行业支持"三农"共同富裕面临更大挑战

一是城乡发展差异带来农村金融排斥和供需失衡双重压力。一方面，由于城乡发展不平衡，商业银行介入农村市场意愿较低；另一方面，已介入农村的金融机构对农村需求的把握能力不足，供需失衡问题仍客观存在。银行业针对乡村振兴重点领域和薄弱环节的服务模式与产品体系适配度亟待提升。

　　二是金融触达不足带来农村信用生态和金融素养的双重短板。一方面，银行业金融机构在农村信用生态建设方面存在短板，对农村地区信用基础数据掌握不够，风险分摊机制也不完善；另一方面，由于金融知识普及不足、金融活动参与有限等一系列主客观原因，当前农村居民以及农村企业、村集体等法人组织金融素养均有待提高。

　　三是公共服务短板带来农村金融覆盖与需求升级的双重限制。一方面，公共服务的短板限制了农村金融覆盖，进而影响金融发挥要素引力场作用。一般来说，农村地区地域广阔、产业布局较为分散、人口分布相对稀疏、基础设施覆盖不全。这些因素在客观上增加了商业银行运营成本，降低了区域内金融服务的可得性，使得农村金融较难形成规模效应和可持续的商业模式。另一方面，公共服务的短板也限制了农村金融需求的不断提升，进而影响金融发挥消费助推器作用。由于农村经济自身的弱质性和医疗卫生教育环境等公共服务短板限制，农村地区消费能力受限、消费意愿下降等问题持续存在，较难形成有效的金融服务需求规模。

　　四是人口结构变化带来农村适老服务和数字鸿沟的"双重挑战"。伴随城镇化、工业化的快速发展，农村人口结构发生了重大变化。在新型城镇化建设过程中，城市的"虹吸效应"加重了乡村的"空心化"，人口老龄化现象在农村地区更为明显。一方面，农村人口结构变动对金融服务适老化改造提出了更高要求。农村老龄化人口对于网点服务、银行产品服务、上门服务、人工电话服务等方面的需求仍然强劲。另一方面，农村人口结构的变动加剧了金融领域的"数字鸿沟"问题。部分农村老年群体由于受到认知能力、安全需求、操作偏好等多重因素影响面临着明显的"数字鸿沟"。帮助广大农村地区的老年群体跨越"数字鸿沟"，享受"数字红利"，是商业银行应尽之责。

三、净息差不断收窄给银行业可持续支持实体经济、推进共同富裕带来压力

近年来商业银行净息差水平总体呈下降态势，特别是 2019—2022 年下降趋势更为明显（见图 1-7）。2019 年四季度商业银行净息差达到 2.2% 的阶段性高点后波动下行，到 2022 年末降至 1.91%。2023 年三季度进一步降至 1.725%，连续三个季度环比收窄。导致商业银行净息差收窄的原因是多方面的。一是经济增长面临较大下行压力，实体经济投资回报率降低带动银行贷款收益减少，进而造成净息差减少。二是利率市场化改革深入推进，银行间竞争不断加强，对净息差形成挤压。三是在数字时代，银行竞争格局发生深刻改变，部分互联网银行成功实现"弯道超车"，对传统银行业形成冲击。四是为了响应支持实体经济、推动共同富裕的政策号召，

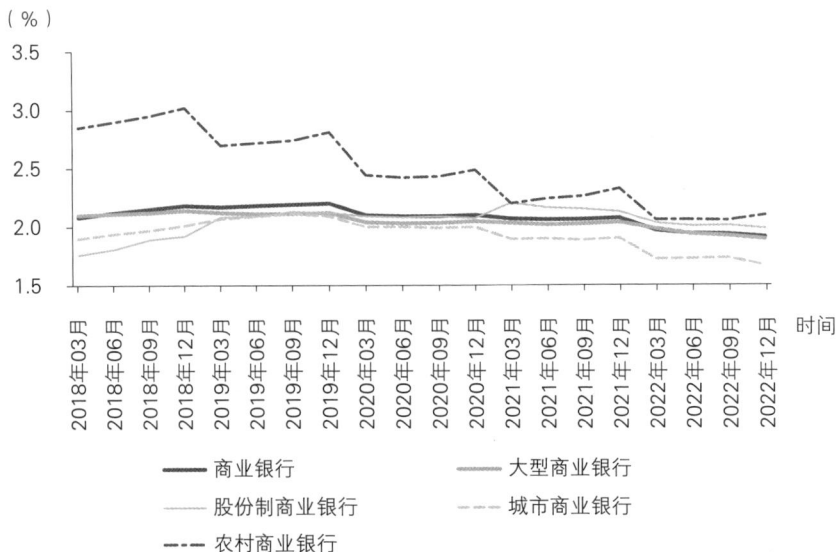

图 1-7 各类型商业银行净息差变化情况

资料来源：万得资讯。

商业银行对存贷款利率进行非对称调整。自 2019 年贷款市场报价利率
（LPR）报价机制改革以来，LPR 持续下行，1 年期利率从 4.31% 降至 2022
年四季度的 3.65%，降低 66 个基点。金融机构人民币贷款加权平均利率从
2018 年二季度的 5.94% 降至 2022 年四季度的 4.14%，降低 180 个基点。
相比之下，银行存款平均成本率不降反升，42 家上市银行存款平均成本率
的中位数从 2018 年的 1.88% 升至 2022 年的 2.17%。

净息差收窄会带来新的挑战。一方面，持续让利导致利率定价偏低，
收益难以覆盖风险。2022 年金融机构企业贷款加权平均利率四个季度的
均值为 4.12%，相比之下，我国四大行 2022 年新发普惠小微企业贷款利
率均不超过 4%[①]，明显低于企业贷款利率整体水平。然而，小微企业的信
用风险普遍高于大中型企业，因此风险溢价理应高于企业平均水平，压低
中小企业贷款利率一方面会增加坏账风险，另一方面不利于商业银行补充
资本。目前商业银行资本补充渠道仍以内源性资本为主，主要依靠留存利
润。随着净息差收窄，银行留存利润也会减少，从而限制内源性资本补充
能力，进而影响银行服务实体经济、推进共同富裕的能力。

四、公益金融发展不充分

作为"公益"与"金融"的跨界融合，公益金融把金融的手段、商业
的方法引入公益事业，让金融为公益服务。大力实践发展公益金融，发挥
好"公益 + 金融"的效用，有利于引导财富"向上向善"，主动服务三次
分配，有效助力共同富裕。但在我国实践中，各种形式公益金融的发展还
面临一系列挑战。

---

① 工商银行、农业银行、中国银行和建设银行 2022 年新发普惠型小微企业贷款利率分别
为 3.86%、3.9%、3.81% 和 4%。

在公益资产管理领域，据《中国慈善发展报告（2020）》统计：2017年我国基金会行业平均投资收益率1.09%，排名前50的基金会平均投资收益率2.44%，远低于同年全国社保基金投资收益率（9.68%）。经验表明，我国公益资产管理实践有以下特点：一是投资意识增强，但决策上趋于保守；二是投资工具较为单一，投资收益率普遍较低；三是金融领域的专业支持不足。目前慈善信托的主要推动力量是信托公司，仍需要其他金融机构积极参与。

社会影响力投资在我国处于起步阶段。一是社会影响力投资相关概念在我国还未得到充分普及，目前社会影响力投资的关注度仍主要在慈善公益机构系统内部，金融机构投资者作为社会影响力投资的主力军，还多停留在初步了解阶段。二是社会影响力投资主体的投融资渠道有待扩充，目前基金比较常见，而与社会影响力相关的债券、保险、信托等金融工具在社会影响力投资中的使用并不多见，例如儿童债券这种涵盖教育、卫生、营养、环境健康等领域且关注儿童和青少年的项目投融资还很少。政府对社会影响力投资的重视程度也有待提高。

第四节　银行业进一步支持共同富裕的思路

推动银行业更有效促进共同富裕，首要的是继续支持经济平稳持续发展、社会财富持续积累，做大做好"蛋糕"。同时，更好地处理增长与分配的关系，分好"蛋糕"，缩小不同群体间财富与收入差距。

一、进一步明确银行业金融机构促进共同富裕的角色定位

坚持银行业金融机构展业的政治性、人民性，与发挥金融的市场化、专业化优势是有机统一、相辅相成的。金融促进共同富裕的路径选择十分关键，既不是纯粹的政策性金融，也不是慈善金融，而是要遵循金融发展规律，坚持有偿性、流动性和安全性原则，运用好市场化模式与工具，发挥金融专业化优势，创新金融服务与产品，助力实现共同富裕。

一是只有坚持市场化路径，才能更好地引导金融资源优化配置，服务高质量发展与共同富裕。市场化意味着有偿性、商业性和可持续性，这是符合金融运行本质和规律的。整体而言，通过政策性金融、合作性金融和慈善性金融支持共同富裕，只能作为银行业促进共同富裕政策落地的一部分。

二是只有坚持市场化路径，才能更好地防范化解金融风险，维护金融安全和稳定。如果过度使用非市场化金融方式来支持共同富裕，可能混淆金融与财政的区别，模糊其界限，难以持续。如果处理不好，可能引发负

外部性，扭曲金融市场估值和定价，掣肘宏观政策执行。

三是只有坚持市场化路径，才能更好地服务新发展格局，助力国内国际双循环。从国内大循环看，金融市场化发展有利于生产、分配、交换和消费各环节循环畅通，更好地兼顾增长与分配、公平与效率。从国内国际双循环角度看，金融市场化发展是深度融入全球产业链价值链、增强国际竞争力和影响力的客观必然。

也要看到，银行业促进共同富裕的作用发挥是有边界的。实现共同富裕是一个长期任务、系统工程，需要在发展的同时创造更加普惠公平的条件，全面系统构建促进共同富裕的基础性制度体系，加强多领域的政策协同与联动，提高政策精准性和有效性。

二、强化高质量发展支持共同富裕的理念

要强化高质量发展理念，在银行业金融机构自身发展完善中提升金融支持共同富裕的能力。打铁还需自身硬，面对共同富裕的重大战略，商业银行要转型，提供一个符合社会发展、符合市场环境要求、符合政策意志的业务模式，首先需要在中后台支撑及保障方面，做出全面有效调整。为此，建议将共同富裕的发展理念融入银行业发展规划中，将金融支持共同富裕提高到战略转型的高度。在此基础上，一是要全面升级普惠金融服务体系，构建共同富裕时代的普惠金融2.0。二是与民生政务平台合作，将民生金融提升至战略高度，把医疗、养老、住房、教育等行业作为新的战略领域。三是加强对环境、社会和治理（ESG）标准及其投资原理的研究，将促进收入分配改善的元素加入 ESG 指标体系，将其作为信贷资源配置和定价的重要考量因素。四是全国性银行业金融机构要更加注重区域的协调发展，将金融服务和信贷资源向经济发展相对落后的地区倾斜。五

是全力支持能够提高就业率尤其是提高年轻人就业率的中小企业和有科技竞争力的专精特新企业发展。六是注重创新研发有利于居民财产性收入提高的普惠型财富管理产品体系，逐步改变传统理财产品收益率的累进型结构。

三、提升传统金融业务对共同富裕的支持力度

继续深耕普惠金融，重点支持中小微企业。向中小微企业和个体经营者提供融资支持，帮助他们扩大业务范围和创造就业机会，促进经济发展和共同富裕。对于国有大型商业银行和股份制商业银行来说，宜将推进普惠金融列为银行战略方向，树立与国家共同富裕政策相符的信贷导向，积极拓展普惠金融业务。在向中小企业贷款时提供差异化产品，满足不同需求、不同发展阶段中小企业的融资需求。城市商业银行和农村商业银行等中小银行宜发挥本地优势，致力于服务本地中小企业，进一步做好下沉服务工作，加大对小微企业的首贷、信用贷支持力度，在普惠金融领域与大型银行形成互补效应。

加大对低收入群体的信贷支持力度。一方面，发掘低收入群体有效信贷需求，向低收入群体提供金融支持。为生活困难、收入低但有经营能力的人提供适量的贷款额度，帮助其更好应对不确定性冲击。另一方面，注重对低收入群体信贷支持过程中的线下服务，做到线上与线下服务相结合。在信贷支持低收入群体过程中，通常会存在信息不对称的问题，且低收入群体线上获取信贷服务多存在一定障碍。因此，对低收入群体提供线下服务，有助于破解信贷过程中的信息不对称难题，提高其金融可得性。

四、探索支持共同富裕的新型金融产品和服务

针对对公业务，创新供应链金融产品，提升金融资源可获得性。传统的贷款业务大多需要抵质押品或者担保，而处于共同富裕薄弱环节的企业往往难以提供合格的抵质押物或担保。对此，商业银行可以凭借自身独特的信息优势提供供应链融资服务。商业银行可以发挥其网点布局优势，通过汇总不同网点的经营数据，更加精准地把握各地供应链的运转情况，对产业链上各企业经营状况进行全面、动态的分析，依托链上核心企业，开展存货、仓单、订单质押融资等供应链金融业务。

针对零售业务，依托广义理财进行金融产品创新，增加居民财产性收入。广义理财中不仅包含一般意义上的非保本银行理财产品，还包括各类存款产品。高净值人群的理财选择较多，但低收入人群的资产配置仍以存款为主。目前商业银行提供的金融产品中针对低收入投资者的产品较少，因此在金融产品的设计上应更加重视中小投资者和中低收入投资者的投资需求，根据其收入特征和风险偏好设计个性化的投资产品。

五、通过金融科技手段提高银行业支持共同富裕的效率

随着数字技术的发展，金融科技赋能的潜力和必要性都有明显提升。金融科技在银行业的应用对共同富裕的推动作用主要表现在两个方面。一是解决信息不对称问题，提升信贷的可获得性。传统的信贷模式之所以高度依赖抵押品，主要是由于银行和借款人之间存在严重的信息不对称。大数据的广泛应用使得商业银行可以基于丰富的"软信息"对借款人的信用情况进行精准识别，从而拓展金融服务的边界，将授信业务延伸至传统金

融服务模式下难以触达的主体。二是提升风险识别效率，优化风控效果。基于人工智能技术，借款人在不同情境下的违约概率能够得到充分估测并展示出来，有助于商业银行更有针对性地管理风险。

商业银行应充分利用大数据、人工智能等技术，积极开展业务模式创新，发展信用贷款，开发对小微企业融资更友好的产品和服务体系，通过金融模式创新拓展针对小微企业的金融服务空间。与此同时，数字经济的发展使得产业链和价值链得以延伸，并创造出丰富的生产和消费场景，银行业金融机构可以及时、准确、有效地掌握相关信息，从而提供更加精准和高效的金融服务。利用物流、资金流、信息流等对产业链上下游客户精准画像，提升信用可得性和覆盖面。商业银行可以通过大数据、云计算等技术获得多维数据，并在此基础上建立信用模型，进而提高风险识别能力和服务效率，对贷款进行更加高效精准的风险控制。

六、引导银行业金融机构切实履行社会责任

开展金融教育，提升公众金融素养。改革开放以来，我国经济和金融发展迅猛，但居民整体的金融素养水平相较于金融业的发展略显滞后，特别是低收入人群的金融素养还有较大提升空间。提升公众金融素养可以从两个方面助力共同富裕。一方面，能够提高居民的理财能力，使其通过合理配置资产实现财富保值增值，增加财产性收入。另一方面，提升居民的风险意识，避免因投资失败或遭受欺诈导致的贫困。金融业的发展在促进资金融通的同时，也为部分人假借金融的名义实施诈骗提供了条件。银行业作为最接近公众的金融行业，可以通过开展金融教育活动，提高公众对金融知识的学习和理解，帮助他们更好地管理自己的财务和防范金融风险，提高投资能力，从而提升生活质量和实现共同富裕。

积极参与社会公益事业，承担社会责任。在高质量发展阶段，无论金融企业还是实体经济企业都更加注重践行 ESG 理念，商业银行也不例外。当前，银行业金融机构普遍对环境（E）的关注较多，对于社会（S）和治理（G）的关注相对较少。在扎实推进共同富裕过程中，商业银行应积极参与社会公益事业，依托网点优势，从人民生活的衣食住行各个方面入手切实履行社会责任。比如，通过建立共同富裕基金捐赠资金和物资，支持贫困地区儿童的食品改善工程，支持教育和文化事业，加大对住房租赁的金融支持力度，为实现共同富裕做出贡献。

七、强化支持共同富裕过程中的风险管理

在扎实推动共同富裕的过程中，银行业金融机构须加强风险管理，为促进共同富裕提供稳定的金融环境。只有切实加强风险管理，才能为共同富裕提供持续、高质量的金融支持。

一方面，商业银行在普惠金融领域授信过程中应严格把控风险，防止普惠金融资金滥发滥用，形成过多坏账。另一方面，商业银行应控制理财产品风险，尽可能减少低收入群体的投资损失，防止其因投资失误致贫。银行还需要加强自身风险管理和合规监管，防范和化解金融风险，保障公众的合法权益和金融安全，为促进共同富裕提供稳定的金融环境。

八、优化制度环境，支持公益金融更顺畅发挥作用

优化制度环境，让公益金融和影响力投资能更顺畅发挥作用，更有效地运用金融的手段、商业的方法促进共同富裕，包括完善公益金融服务产品体系、构建慈善信托政策支持体系、开展股权慈善信托创新试点等。出

台慈善信托专项支持政策，落实税收优惠。推动公益资管服务创新，加强行业保值增值能力建设，打造慈善资管研究、交流和合作平台，推进业务创新发展，丰富公益金融服务场景体系。加强对影响力投资的收益、风险和影响分析，构建更加科学合理的评估工具和体系，扩大影响力投资标的范畴，培育多层次投资者群体，促进社会价值财务折现。

对商业银行而言，要加快研究创新公益基金、慈善基金、社会捐赠基金等基于三次分配的金融产品，做好三次分配的基础金融服务。可以预见，未来一段时间我国这些领域基金的数量会有很大提升，商业银行要抓住转型机遇，发挥投资能力优势，做好这些基金的账户管理人、托管人甚至是委托人和投资管理人。

第二章

建设促进共同富裕的资本市场

　　资本市场不仅能为实体经济提供多样化直接融资渠道，也能助力居民获得财产性收入，还是养老保险体系发展的重要基础。完善的资本市场能为推动共同富裕提供全方位支持。近年来，我国资本市场支持共同富裕取得积极进展，但在功能定位、长期资本形成、中小投资者保护、监管效能等方面仍存在改进空间。未来可根据经济社会发展及时调整资本市场功能定位，推动形成更加有利于财富管理功能发挥的市场环境，完善有利于投资行为长期化的各项制度，构建以市场力量为主的三位一体的市场监管体系和投资者保护机制，着力提升资本市场的长期价值创造能力。

第一节　资本市场对共同富裕的影响机制

资本市场的发展和深化，对经济转型、科技创新、金融体系建设和社会财富创造等均有重要影响。

一、为实体经济提供融资服务，鼓励创新

共同富裕的先决条件是经济得到发展，社会总财富得到增值。资本市场通过资本积累和有效配置资源，提高了商品、服务的交换效率和生产率，从整体上促进了经济的发展。随着市场主体增多，资本市场转向债券、股票、期货、衍生品等各类金融产品的发行和交易，产生包括金融资源配置、社会融资结构优化和经济转型在内的多元复合功能，使资源配置的维度和效率大幅提升。

工业革命以来，科技创新在推广的过程中更加集中和广泛地使用资本，使生产要素配置中资本支出占比大幅提高。一方面，资本市场为科技创新提供风险匹配的直接融资支持。由于科技创新企业缺乏充足的抵押品和稳定的收入来源，难以满足商业银行的信贷要求，且银行作为债权人面临风险收益结构不对称的问题，所以这类企业难以从商业银行获得信贷资金，转而需要资本市场的直接融资支持。但是科技创新企业在初创阶段规模较小、盈利不确定性高，难以在成熟的交易所市场获得融资。风险投资的出现，解决了这一难题。另一方面，风险投资凭借自身的资源、能力和网络等，帮助科技企业建立竞争优势。风险投资通常具备较强的专业性，

通过筛选有发展潜力的公司，为它们提供运营辅导、战略指引、上市及并购策略等专业性督导，来促进企业创新并提高投资项目成功退出的可能性。在现代创业投资体系的助推下，一批科技公司既在技术创新上取得成功，又在商业上获得丰厚回报。诸如英特尔、苹果、微软、亚马逊、思科等科技公司在纳斯达克上市直接推动了纳斯达克市场的蓬勃发展，加深了创业投资体系与科技创新的耦合，为美国经济持续增长做出了重要贡献。

二、提供居民财富增值的渠道

资本市场能够在居民和实体经济的融资需求之间搭建起高效的流动渠道，实现财富创造全民共享、风险共担。基金业是典型的例子。现代基金业的雏形出现于18世纪的荷兰，1774年荷兰商人和经纪人亚博拉罕·范·凯特维奇发起成立了一只名叫"Eendracht Maakt Macht"（"团结就是力量"）的投资基金，受托人通过募集资金集合管理，为各类投资者提供多样化的投资机会。

居民工资性收入、转移性收入、经营性收入和财产性收入是人均可支配收入的四大组成部分。通过多层次资本市场体系，多通道吸纳居民储蓄资金，可将居民储蓄资金进一步转化为权益资产，增加居民财产性收入，实现其财富积累和财产保值增值，从而强化资本市场的社会财富创造功能。国外资本市场发展较早，因而其对国民财富和收入分配的影响也更加显著。以美国为例，2007年以来，美国个人股息年收入总量均在1万亿美元以上，2019年最高达到1.32万亿美元；个人利息年收入总量均在1.4万亿美元以上，2019年峰值为1.65万亿美元。2007—2020年，个人股息收入占个人可支配收入的比例均值为7.0%，最低4.8%，最高8.1%；个人利息收入占个人可支配收入比例均值为10.8%，最低9.3%，最高13.1%。2007年以来家庭负债比率呈现出不断下降的趋势，均值为 10.4%，抵押贷款负债比率均值为 5%，消费贷款负债比率均值为 5.4%。2021 年美国家庭负债比率为 9.2%，其中抵押贷款负债比率为 3.8%，消费贷款负债比率为 5.4%。美国资本市场对美国家庭收入和支出两方面的影响都很大。发达国家家庭持有的金融资产总量多，种类多样，并且"金融市场越发达，家庭持有的金融资产与经济基础的相对规模越大"，因而其国民财富和收入受资本市场的影响也就越显著。

三、助力养老保险体系发展，完善社会公共服务

资本市场能够助力养老保险体系发展。一是资本市场可以为养老金提供丰富的投资品种。从美国看，公共养老基金产业中 45% 投资标的为股票、24% 投资标的为固定收益类产品，9% 投资标的为私募股权。随着美国共同基金中养老金占比的提升，加上固定缴款（DC）计划，以及美国个人退休账户（IRAs）客户对长期稳定收益的追求，以指数基金为代表的被动管理型基金规模不断提升，为养老金投资提供了丰富可靠的投资产品。2020 年，以服务于养老机构客户为主的贝莱德公司被动管理型基金规模占总资管规模超 70%。另有学者对日本政府养老投资基金进行长期跟踪，发现其投资策略从 2014 年开始向多元化转变，将境内外债券占比分别下调至 35% 和 15%，将境内外股票占比均上调至 25%，同时进行另类资产投资。其中，股票投资 90% 以被动指数投资为主，主要跟踪日经 225 种股票平均价格指数、东证股票价格指数等。另类投资包括基础设施建设投资、私募股权投资、房地产投资等具有长期性、高回报性、与资本市场低相关性等热点领域的投资。中国资本市场证券品种与投资产品不断丰富，将为养老金入市尤其是养老金第三支柱建设提供更多选择。

二是资本市场可为养老金提供增量资金来源。随着我国人口结构调整，

广大居民传统养老观念发生动态变化，从"养儿防老"到"储蓄防老"再到"投资养老"，三者存在交替与互补关系。从结构上看，我国养老体系对第一支柱依赖程度过高，第一支柱可持续性存在压力，而第二支柱发展缓慢且面临瓶颈。需要加快养老金第三支柱与资本市场衔接，推动个人养老储蓄投资。从发达国家养老产业体系实践看，资本市场是养老体系最重要的直接融资渠道。例如，美国除了使用传统的信贷、首次公开募股（IPO）、债券融资等融资方式，还扩展了针对养老产业的多样化融资手段。其中不动产投资信托基金（REITs）是其养老机构和养老社区建设过程中最主要的融资渠道，且可以通过股票或债券在二级市场自由流通，实现资金快速回流，解决养老金投后退出问题。再如，日本的银行、养老基金、保险公司等机构均参与养老产业投资，三菱、Master Trust 信托、瑞穗等投资银行养老基金占比高达 21%。

三是资本市场可以为养老体系提供发展机遇。资本市场本身具有集开放性、包容性和差异性于一体的运作机制，可以适应养老投资管理改革的需求，加快养老体系改革，促使养老体系健康可持续发展，进而实现全社会养老安全，促进社会和谐与公平正义。例如，20 世纪 80 年代以来，欧美发达国家和地区大力发展三支柱模式，对养老金进行多元化投资管理，确保养老金制度可持续发展，实现养老责任多方共担，减轻国家负担。又如，日本养老金第三支柱规模较小，与我国相似度较高，但近年来发展迅速，这离不开资本市场的支持。日本模仿英国模式，通过证券公司等机构建立个人储蓄账户，允许个人在资本市场上操作账户，吸引年轻人进行养老投资，缓解经济环境低迷对企业造成的资金压力，促进日本经济稳定发展。再如，施罗德公司、信泰资本在英国成立专项养老投资基金，通过融资收购等手段专注于建设中高端养老社区，并大规模收购养老社区。资本市场促使发达国家养老模式从传统福利机构养老到社区养老加速转变，并通过养老保险体系改革实现社会和谐发展，为资本市场证券基金等机构的新模式业务带来创新发展借鉴。

第二节 我国资本市场支持共同富裕的现状

一、多层次资本市场日益完善

我国目前已经形成了创业板、科创板、新三板等多层次资本市场体系，有力支持实体企业融资。股市、债市、基金、票据等融资工具不断丰富，融资规模快速增长。

一是设立科创板并试点注册制改革成功实施。2019年1月，证监会发布《关于在上海证券交易所设立科创板并试点注册制的实施意见》，坚持面向世界科技前沿、面向经济主战场、面向国家重大需求，主要服务于符合国家战略、突破关键核心技术、市场认可度高的科技创新企业。2019年7月，科创板正式开市交易，一批具有关键核心技术的"硬科技"企业在科创板上市，产业聚集和品牌效应逐步显现，科创板的"试验田"作用得到有效发挥。

二是创业板改革并试点注册制顺利落地。2020年4月，中央全面深化改革委员会第十三次会议审议通过《创业板改革并试点注册制总体实施方案》，确定"一条主线、三个统筹"的改革思路，深入贯彻创新驱动发展战略，适应发展更多依靠创新、创造、创意的大趋势，主要服务成长型创新创业企业，支持传统产业与新技术、新产业、新业态、新模式深度融合，与科创板等其他板块形成各有侧重、相互补充的适度竞争格局。2020年6月，证监会发布创业板改革并试点注册制相关制度规则。同年8月，创业板改革并试点注册制正式落地首批18家企业上市交易，资本市场存量改革取得突破性进展。

三是全国中小企业股份转让系统正式运营并深化改革。2013年1月，全国中小企业股份转让系统正式揭牌。2019年10月，证监会启动全面深化新三板改革。同年12月，证监会对《非上市公众公司监督管理办法》进行修订并发布，对挂牌公司的发行机制、公司治理和差异化信息披露等做出了针对性调整。全国股转公司修订发布《全国中小企业股份转让系统分层管理办法》，新设精选层。2020年6月，证监会发布《关于全国中小企业股份转让系统挂牌公司转板上市的指导意见》，允许符合条件的精选层公司转板上市。2020年7月，首批32家精选层公司开市交易。新三板市场形成"基础层—创新层—精选层"梯次递进的结构。

四是区域性股权市场规范发展。2017年1月，国务院办公厅印发《关于规范发展区域性股权市场的通知》，明确了区域性股权市场的法律地位。2017年5月，证监会出台《区域性股权市场监督管理试行办法》，统一区域性股权市场的业务和监管规则。2019年6月，证监会发布《关于规范发展区域性股权市场的指导意见》，区域性股权市场规范发展的制度基础进一步夯实。2020年，证监会启动浙江省区域性股权市场制度和业务创新、北京区域性股权市场股权投资和创业投资份额转让、区块链建设等试点。

五是交易所债券市场改革发展积极推进。2020年3月，证监会落实新证券法与国务院有关注册制通知的决定，明确公开发行公司债券实行注册制。2020年7月，中国人民银行、证监会联合发布公告，同意银行与交易所债券市场相关基础设施机构开展互联互通合作。2020年12月，证监会会同中国人民银行、国家发展改革委联合发布《公司信用类债券信息披露管理办法》，统一和明确了公司信用类债券发行环节、存续环节信息披露的基础性、原则性问题。

二、上市公司发展的制度环境日益完善

2014 年，证监会颁布《关于上市公司实施员工持股计划试点的指导意见》。2016 年及 2018 年，两次修订《上市公司股权激励管理办法》。2018 年，证监会、财政部和国务院国资委发布《关于支持上市公司回购股份的意见》，鼓励上市公司进行股权激励或实施员工持股计划，健全上市公司股权激励机制。2018 年 9 月，证监会颁布了新修订的《上市公司治理准则》，进一步夯实了上市公司治理的制度基础。2019 年以来，证监会制定并实施推动提高上市公司质量行动计划。2020 年 10 月，国务院发布《关于进一步提高上市公司质量的意见》，在提高上市公司治理水平、推动上市公司做优做强、健全上市公司退出机制、解决上市公司突出问题、提高上市公司及相关主体违法违规成本、形成提高上市公司质量的工作合力等方面做出了系统性部署安排。2021 年 2 月和 3 月，证监会先后发布《关于上市公司内幕信息知情人登记管理制度的规定》和《上市公司信息披露管理办法》，进一步压实上市公司防控内幕交易的主体责任。

三、证券产品体系不断丰富

一是推出优先股。2013 年 11 月 30 日，国务院发布《关于开展优先股试点的指导意见》，明确开展优先股试点。2014 年 3 月 21 日，证监会发布《优先股试点管理办法》，规范优先股的发行和交易行为。

二是债券产品蓬勃发展。交易所债券产品在 2012 年的国债、企业债和可转债等品种的基础上，新增地方政府债、政策性金融债、资产证券化等品种。积极响应和服务国家战略，试点发行创新创业债、绿色债、扶贫

债、熊猫债、"一带一路"债、可续期债、项目收益债等新品种，开展信用保护工具业务试点。2020 年 4 月，推出境内基础设施领域公募不动产投资信托基金试点。

三是期货和衍生品体系日趋完备。2013 年以来，5 年期国债期货、铁矿石期货和期权、上证 50ETF 期权、上证 50 股指期货、中证 500 股指期货、豆粕期权、白糖期权、原油期货和沪深 300ETF 期权等期货和期权品种先后上市交易，填补了相关领域品种的空白，覆盖国民经济主要领域的期货产品体系初步形成。2020 年 10 月，广州期货交易所筹备组成立。截至 2022 年末，期货期权市场共上市 110 个品种，包括 65 个商品期货、28 个商品期权、7 个金融期货、10 个金融期权。

四是基金产品规模迅速扩大。在股票基金、混合基金、债券基金、货币市场基金等基础品类的基础上，陆续推出债券、跨市场和跨境、商品期货等交易型开放式指数基金（ETF 基金），2014 年 8 月，《公开募集证券投资基金运作管理办法》实施，将公募基金产品的审查由核准制改为注册制。基金中的基金（FOF 基金）、养老目标基金分别于 2017 和 2018 年顺利推出。2013 年 6 月，新修订的《证券投资基金法》实施，将私募证券投资基金纳入证券基金监管范围。2014 年 2 月，基金业协会正式开始私募基金登记备案，私募基金总管理规模从 2014 年末的 1.49 万亿元增长至 2022 年末的 20 万亿元。

五是互联互通取得实质性进展。2014 年 11 月和 2016 年 12 月，沪港通、深港通相继开通，沪深港通北向南向看穿式监管稳步推进，内地与香港市场互联互通不断深化。截至 2022 年末，沪深股通资金合计净流入 1.7 万亿元。2015 年 5 月，内地与香港基金互认制度落地。2019 年 6 月，沪伦通正式开通，中日交易型开放式指数基金（ETF）互通推出。此后，境外拓展到瑞士、德国等欧洲市场，境内拓展至深交所。2021 年开通粤港澳大湾区"跨境理财通"，2022年末北向通资金净流入2.9万亿元，南向通资金净流出4.0万亿元。2023年5月，香港与内地利率互换市场互联互通合作下的"北向互换通"交易启动，香港及其他国家和地区的境外投资者可通过两地基础设施互联互通参与内地银行间金融衍生品市场。

四、陆续推出专项金融工具支持薄弱环节发展

一是推出专项融资工具支持共同富裕。国内债市先后推出一系列助力共同富裕的创新品种。中国人民银行、银行间交易商协会、沪深交易所和国家发展改革委都专门创设了具有共同富裕特征的债券品种（见表2-1）。

表2-1　国内关于共同富裕的创新债券品种

主管部门	债券品种
中国人民银行	扶贫专项金融债券、小微企业贷款专项金融债券、"三农"专项金融债
银行间交易商协会	非金融企业扶贫票据、乡村振兴票据、革命老区振兴发展债务融资工具
上交所、深交所	扶贫专项公司债券、乡村振兴专项公司债券
国家发展改革委	扶贫项目收益债券、农村产业融合发展专项债券、县城新型城镇化建设专项企业债券、小微企业增信集合债券

资料来源：作者根据公开信息整理。

二是发展公益慈善基金工具助力三次分配。近年来，我国"慈善＋金融"领域快速发展。金融机构和非营利法人借助各种前沿工具实现慈善资产快速整合。在经济收益相对清晰的前提下，重视慈善活动的具体社会效益及其测算，利用金融思维提高服务质量，成为慈善金融创新的重点。

五、投资者权益保护不断加强

一是"大投保"组织架构逐步完善。2011 年 12 月，证监会投资者保护局成立。2014 年 12 月，中证中小投资者服务中心有限责任公司成立。2019 年 3 月，证监会成立投资者保护工作领导小组，进一步加强对投资者保护工作的统一领导。2020 年 5 月，中证资本市场法律服务中心挂牌，是首个全国性证券期货纠纷专业调解组织。2023 年 3 月新一轮金融监管部门改革中，中国人民银行有关金融消费者保护职责、证监会的投资者保护职责划入新组建的国家金融监督管理总局。

二是完善投资者保护政策体系。2013 年 12 月，国务院办公厅颁布《关于进一步加强资本市场中小投资者合法权益保护工作的意见》，构建了保护中小投资者合法权益的政策体系。2016 年，证监会颁布《证券期货投资者适当性管理办法》，构建了全市场统一的适当性管理体系。2019 年修订的证券法，设专章规定投资者保护制度，并探索了适应我国国情的证券民事诉讼制度。2020 年 7 月，证监会发布《关于做好投资者保护机构参加证券纠纷特别代表人诉讼相关工作的通知》。

第三节　我国资本市场支持共同富裕的
待改进之处

一、资本市场功能与共同富裕要求仍部分存在错配现象

一是缺少有效的风险管理工具。与境外成熟市场相比，我国金融衍生品市场起步晚、发展慢、产品少、功能发挥不充分等问题比较突出，还不能完全满足各类机构日益增长的多元化风险管理需求。由于缺少衍生品风险管理工具的保护，长期资金入市积极性受到影响，大量机构投资者面对市场波动只能选择追涨杀跌，交易行为"散户化"，加剧了市场"羊群效应"。

二是培育上市公司价值的能力不足。一方面，产业资本"持股成本"远低于二级市场金融资本"持股成本"，一旦异化为金融资本会产生强烈的套现冲动。原始股权高溢价是对原始股东企业家精神的激励，也是对承担高风险的风险投资机构的补偿，有合理性。但若上市公司可较容易通过资本运作套取非上市企业的"上市红利"，则会将市场行为引导到利用行政性套利机会上。2012 年以来我国股票首发金额仅是增发金额的 28%，加之定向增发、并购重组限售期较短且折价率较高，投资者较少关注项目本身优劣，更关心一、二级市场价差。另一方面，资本市场发现"恶劣行为"后有时出台针对性的限制性政策虽制止了"坏人"但往往也限制了自我约束的"好人"。

二、长期资本形成不足不利于支持实体
经济高质量发展

一是主要股指长期收益率不高。当前，退市等优胜劣汰机制和投资者保护机制尚不完善，市场的定价效率不尽如人意，部分机构投资者对上市公司和资本市场发展缺乏长期预期。同时，市场导向性作用较强的主要股指的历史长期收益率并不高，进一步加剧了资本市场短期化行为。

二是激励制度有鼓励短期化倾向。规模导向的基金收费模式促使基金管理人关注短期表现以快速做大基金规模，更容易受到市场热点的影响，成为短期"抱团"式投资的被动接受者。年度甚至季度的考核和业绩排名压力，导致基金管理人操作更容易短期化。长期激励不足，股权激励等"金手铐"机制覆盖面不大，导致投资管理人缺乏稳定性，可能频繁跳槽，长期投资文化很难传承，投资的视野和期限也会局限于任期内。

三是规则设计不利于长期性和股权性投资。对保险的风险监管存在明显的监管规则银行化倾向，偿付能力监管借鉴巴塞尔协议监管规则，在风险权重设计方面对短期、低风险资产过于优惠，从而导致保险公司将资产更多配置到短期资产和债权类低风险资产。这一问题在全球普遍存在，已导致全球保险业股票投资比例显著下降。

四是税收制度对长期投资没有优惠。我国资本利得税为单一税率（20%）且税率不区分投资期限长短。从国际经验看，不少国家对长期投资的资本利得实行优惠税率。如美国以1年为标准区分短期投资和长期投资，并对长期投资设定了优惠税率。

三、对中小投资者保护不足限制了资本市场财富创造能力

一是我国独立董事制度和监事会制度不健全，"三会一层"的公司治理结构并不完善，容易形成中国特色的"董事长控制"。信息披露不足，有效制约不够，在具体经营决策时，有可能出现管理层听命于大股东，而损害中小股东权益的情况。

二是在失信和道德风险管理方面，现有的《中华人民共和国刑法》《中华人民共和国证券法》《中华人民共和国基金法》等法律中的矫正机制存在待改善之处。对证券行业违法违规行为的行政与刑事规制存在刑罚种类略少、违法主体单一、量罚偏轻的问题。

三是市场主体可用于纠正制衡的工具较少，且部分制度有待激活。如评级、审计等专业中介表面上是上市公司（含债券基金）的受托方，应维护委托方（卖方）利益，但本质上是代表中小投资者（买方）利益行事，当前缺少相应制度安排，让中小投资者可借助专业机构对上市公司形成必要的制衡。

四、监管效能仍需进一步提升

监管体系分工合理性有待提升，机构监管与功能监管合理性都需要提高。我国功能监管依附于机构监管，只能在机构监管的边界内发挥作用。分业监管体制导致同类业务标准不一，存在监管套利等现象。相比于同样是分业监管和混业经营并存的美国，我国机构监管和功能监管的清晰架构尚未完全成形。

资本市场行为监管是基于信息披露和专业自决、自担的。这既需依

法行政监管，还需发挥市场中介组织（如审计机构、会计师事务所、券商等）的作用。中西方在如何发挥市场中介组织作用方面存在差异。美欧等西方国家和地区的行政要求原则性较高，更多依靠专业的行业自律组织发挥专家作用，强调"实质重于形式"，重视行业声誉约束机制，加重事后处罚。我国则强调市场准入、资格审核、比例限制等行政要求，形式和程序更严格但较刚性。

第四节　资本市场进一步支持共同富裕的思路

一、根据经济社会发展及时完善资本市场功能

经济的良性循环有赖于鼓励发现价值、培育价值的"生产型资本"，抑制纯粹分配价值甚至掠夺价值的"攫取型资本"。当前宜考虑将资本市场的功能定位从以筹资功能为主，转向筹资和投资功能兼顾，注重保护中小投资者的合法权益，提升市场的价格发现效率和价值培育能力。在制度建设上，可考虑全面推广真正的"注册制"，完善退市制度和代表人诉讼制度，引入更加市场化的兼并重组、再融资和变现制度，进一步完善基础设施统一的多层次资本市场。

一是要加快推动形成与注册制相适应的制度生态。注册制是资本市场的基础性制度。形成与注册制倡导的理念相适应的运行机制，不仅需要进一步完善相关制度，尤其是配套措施，更要形成有机的制度体系，促使制度在现实运用中形成机制和生态，如进一步完善发行注册上市相关的重大信息披露等制度安排。对于"重大"的判断宜尽可能交给投资者，特别是面向未来时，当下微小的变化对未来而言可能是根本性变革的开始。又如注册制可从首次公开募股（IPO）延伸到再融资，合理设定再融资的要求和价格形成机制。为提升灵活性，可考虑适当分离证券的注册、发行和上市行为，为储架发行和非公开发行等创造制度空间。

二是要加快促进创新资本形成。科创板坚守"硬科技"定位，更好支持科技自立自强。创业板突出支持"三创四新"，更好地服务成长型创

新创业企业加快发展。持续深化新三板改革，发挥好北京证券交易所"龙头"撬动和"反哺"作用，打造服务创新型中小企业主阵地。支持优质上市公司整合上下游产业和科技资源。鼓励私募股权基金投早、投小、投科技。支持各类上市公司、挂牌企业完善股权激励和员工持股制度。

三是要大力支持实体经济绿色低碳转型发展。支持符合条件的绿色低碳企业通过首发上市、再融资及并购重组等发展壮大，遏制"两高"项目利用资本市场盲目发展。加快创新绿色金融品种，探索转型金融产品，强化碳信息披露，推动市场主体践行绿色投资。此外，还要推进碳排放权等期货品种创新。

二、推动形成更加有利于财富管理功能发挥的市场环境

一是加强多层次、多支柱养老保险体系与资本市场的衔接，使得中长期资金"愿意来、留得住"。运用"保险＋期货"等手段，更好地发挥农产品期货市场价格发现和风险管理功能。持续强化投资者合法权益保护，更好地为高质量发展和共同富裕服务。

二是加快建立以账户制为基础的个人养老金制度。抓紧建成统一开放的个人养老金账户。在账户制基础上打通第二支柱和第三支柱，建立两个支柱之间的自由转换机制，实现税收优惠政策、投资管理、缴费、账户记录、基金转移接续等方面的衔接，增强年金制度吸引力并提高第三支柱参与率。强化个人养老金账户的便携性（可全国携带跨省自由转移）、透明性（可利用合法媒介查询账户金额变动情况）、交易便利性（可利用移动网络进入账户交易）和独立性（可离开单位和雇主单独操作）。

三是提升养老金的金融产品供给能力。首先是增强养老金配置的灵活度。扩大参与的金融机构与产品范围，完善商业养老保险、基金银行理财

产品等养老金产品供给体系，建立多元化、多层次、差异化养老金金融产品供给格局。借鉴国外成熟市场经验，赋予投保人在不同的第三支柱养老保险产品之间进行转换的选择权，赋予企业年金、职业年金个人选择权。其次是提升专业养老金融机构服务能力。提升财富管理机构养老金的投资能力，以风险调整后的收益率优势吸引居民投资第三支柱金融产品。推动养老金融机构专业化发展。扩大养老金领域的对外开放，吸引成熟的海外养老金融机构来华展业。

四是推动资产管理行业规范健康发展，为居民创造更多投资收益。优化资管和投顾的销售、托管、估值、评价机制，强化资产管理行业信义义务，形成与客户利益一致的收费模式，完善行业生态。完善分类和差异化监管，严厉打击乱私募、坚决清退伪私募，形成私募基金良好市场秩序。加大资产管理行业对外开放力度，引入国际资产管理业有益实践，强化良性竞争。进一步丰富资产管理产品种类，为投资人提供在"风险—预期收益率"产品线图谱上更为广泛的产品分布，为不同收入水平的投资者提供与其风险承受能力相适配的资产管理产品，增强金融普惠性。提升行业投资和服务客户能力，通过行业的投资业绩，吸引更多居民投资于资产管理产品。

五是增加面向居民投资者的其他类型金融产品供给。如大力发展银行柜台债券市场，引入通胀保值债券、银发债券等新投资品种，为居民提供更有吸引力、更能满足特定需要的专项投资工具。

三、完善有利于投资行为长期化的各项制度

一是完善激励长期投资的税收制度。区别短期投资和长期投资，结合资本利得应纳所得税额设定差别化资本利得税率，为长期投资提供税收优

惠支持。如可根据投资期限在一年内、二年到五年、五年以上，分别实行税率的折扣乘数。为了引导预期，在短期内可明确差别化税率但暂不征收。

二是完善有利于长期投资的监管制度。保险监管规则设计要同时考虑到投资风险和投资收益过低导致的偿付能力不足风险，适当降低保险公司投资股票和权益性资产的风险权重。逐步放宽保险、养老金投资范围和投资比例限制，适当扩大可投资范围（如 REITs 和套期保值型金融衍生产品），稳步提高股票和未上市股权投资比例。分散投资组合风险，放松第二支柱和第三支柱养老金投资海外证券市场的限制。对市场化程度高的机构投资者，试点取消投资比例限制。逐步引入审慎监管原则，具体界定投资管理人审慎义务内涵和职责边界。

三是完善基金公司有利于长期投资的绩效考核激励制度等机构投资者内部治理结构，探索落实股权激励，推动长期投资理念落地生根。在公募基金等机构投资者内部基于长期投资绩效实施高管和关键人股权激励，保持投资团队的稳定尤其是高级管理层的稳定。明确长期投资目标和风险政策细化投资运作的制度，将理念固化到规范和流程中，以保证人员发生变动时投资得以顺利进行。延长考核期限，完善机构投资者绩效评估机制。降低短期收益波动或相对排名在绩效考核中的权重，将长期持股收益、长期投资策略等纳入机构投资者考评机制，加大长期投资考核权重，优化评估流程，形成滚动的长期考核机制。

四、构建以市场力量为主的三位一体的市场监管体系和投资者保护机制

一是在信义责任的权责利一致原则下更好发挥中介机构的作用。市场行为监管需要借助参与日常活动的中介机构具体执行。应发挥市场中介机

构监督功能，充分利用市场力量形成相互制衡的机制。坚守资本市场"市场化"内核，构建基于信息披露和专业自决的判断和风险承担机制。充分尊重中介机构的专业能力，从强调形式合规转向注重实质重于注重形式，促进各方归位尽责，有效制衡。中介机构拥有信息和专业优势，对委托者负有信义责任。因此，发展直接融资的关键之一是培育发达有效的中介服务体系。要确保中介服务机构的信义责任落到实处，不能主要依靠监管部门的行政要求。当前，中介服务机构的业务和报酬与其专业能力的关系较弱，在实践中强化了基于非专业能力的竞争和恶性循环，不利于形成基于专业能力的良性循环。在具体案例中，由法律和监管部门合理定责并不容易，尤其在高度专业化的领域。为此，有必要借助专业性强的自律组织，对中介机构的履职行为给出专业判断，通过机构和个人的专业资质管理等，在专业市场创设有效的声誉机制。

二是探索与中介服务机构相关的合理治理模式。如评级、审计等典型服务表面上是上市公司（含债券）的受托方，应维护委托方（卖方）利益，但本质上应代表中小投资者（买方）利益行事。为此，是引入自律组织对中介服务机构的业务能力进行专业判断，还是买方可通过一定方式分担一定比例费用，适当参与中介服务机构的选择，或者买方通过尽职调查和深入研究，引入必要的"吹哨人"制度形成必要的制衡？选用哪种治理模式，需慎重。

三是进一步完善与中小投资者保护和提升价格发现效率相关的、可更好发挥市场内在约束作用的制度设计。我国可适度丰富做空机制，提升退市效率，提高集体诉讼的透明度和市场效率，创设更多中小投资者维权、救济和补偿机制等，形成民事、行政和刑事处罚的联动。强化基于行为的延伸监管职权。上市公司和中介机构的法人边界不清晰，在分业监管环境下，上市公司出现了一些通过股权投资等方式规避监管的做法。为此，有必要强化监管部门的行为管理职权，可将信息获取权和行为监管权基于市场行为延伸到能独立决策的主体，实现间接监管。

五、着力提升资本市场的长期价值创造能力

一是引导居民长期投资，关键还是股市能创造长期收益。当前长期资金的投资收益高于短期资金的主要机制是以让短期资金亏损为代价。当长期资金占比显著提升时，要提升收益率，关键还是继续推进资本市场改革开放，提升资本市场效率和上市公司的价值创造能力。要继续推进资本市场改革，深化注册制改革，提升资本市场可及性，提高资本市场与经济产业结构的匹配度。推动上市公司改善公司治理。扩大资本市场开放，提升资本市场定价效率。通过资本市场投资收益的示范效应，吸引居民自主选择将储蓄转化为资本市场长期资金。

二是在金融产品层面以资本利得税代替增值税，让各类投资工具享有税收中性便利，抑制短期投资行为，鼓励专业化投资机构的发展，增强资本市场的国际竞争力。金融商品的转让行为不同于传统货物与劳务的生产、加工、销售、服务等行为，其本质是投（融）资行为而非普通商品的生产与消费行为。在美国等以直接税为主的国家，不存在增值税，在欧洲等以流转税为主的国家和地区，多对金融业实施增值税免税政策。

三是统筹推进资本市场递延纳税机制，鼓励理财资金、养老金转化为长期投资，增强长期价值投资力量，提升资本市场稳定性。建立递延纳税机制，鼓励引导各类长期资金实质性转化为长期资本。国内外经验表明，长期资金入市并转化为长期价值投资，能够带来较高的收益，是实现资金保值增值的有效形式，同时还能带动资本市场蓬勃发展，是资本市场的稳定器。

第三章

建设促进共同富裕的保险业

与社会保险天然具有分配调节效应不同，商业保险作为市场机制的一部分，本意并不是用来应对收入差距拉大问题的。然而，在大数法则作用下，通过充分发挥损失赔偿、长期投资等功能，商业保险客观上也能够实现优化收入分配、促进共同富裕的功能，这也被多国经验所证实。近年来，随着服务实体经济能力提升，我国保险业在促进共同富裕方面取得积极进展，但深度和力度仍需要进一步提高，潜力还没有充分发挥。这既与保险业自身在产品和销售等环节的质量有待提高有关，也与监管引导和政策保障体系存在短板有关。应秉持"以人民为中心"的指导思想，充分借鉴国际经验和教训，结合本国国情，通过实施鼓励创新、激励需求、改善供给等政策举措，充分发挥保险业的经济"减震器"和社会"稳定器"功能，打造与高质量发展和共同富裕目标更相匹配的中国保险发展模式。

第一节　保险业促进共同富裕的国际经验

理论和实证研究都表明，如果引导得当，保险业可以成为优化收入分配、促进共同富裕的重要抓手[①]。国际经验表明，保险业促进共同富裕具有以下特点。

一、双轮驱动，即保险资产和负债业务都能发挥作用

（一）在负债端

保险公司通过各类产品和服务提供损失和收入赔偿功能，充当经济"减震器"和社会"稳定器"，这有利于增强中低收入人群抵抗风险的韧性，减小因病、因灾、因意外、因老年而返贫的概率，并降低企业运营、创新等活动中的不确定性。

"旦夕祸福"往往使普通人陷入贫困。人们很难避免遭遇生命、健康和财产损失，但这并不必然引起致命性财务灾难。同样的灾难，发生在发达国家和发展中国家，所造成的经济后果可能截然不同。发达国家的保险业能够为不幸事件造成的损失提供高额保险赔偿，有利于社会和经济秩序尽快恢复。例如，2010 年和 2011 年，海地和新西兰人口密度大的地区分别发生了震级接近的大地震。在新西兰，80% 的损失由保险公司承担了。而在海地，保险业赔付的金额占总损失额度不到 1%。这个案

[①]　参见章后附件"保险和共同富裕文献综述"。

例足以说明，保险是推动经济增长、增强韧性、减少不平等的有力工具。没有保险保护，低收入甚至中等收入家庭在遭遇严重灾难时就可能陷入贫困。

（二）在资产端

在多数发达国家，保险公司都是重要的机构投资者之一，应通过为资本市场和实体经济提供长期资金等方式，促进经济增长，助推中等收入群体的扩大。例如，在美国，寿险公司是公司债券市场最大的机构投资者，财险公司是市政债券市场最大的机构投资者，保险资金的进入极大改变了美国资本市场的生态，助推其成长为全球最大的债券市场。在英国，保险公司资产与GDP之比从1980年的1∶5上升到2009年的1∶1。大量稳定长期的保险资金进入资本市场，推动英国成为世界金融中心之一。

二、独特性，即保险功能具有与众不同的优势

保险机制与财政、银行等其他机制相比，具有许多独特优势。以劳动年龄人口早亡风险为例。在全球范围内，劳动年龄人口因疾病、意外、自然灾害等原因而早亡的风险普遍很高[①]。与早亡风险相伴随的重要问题是：家庭经济收入主要来源的"顶梁柱"提前去世，遗属（配偶和孩子）可能会陷入财务困境。家庭应对早亡风险的传统手段包括：提高收入水平，开展储蓄和理财，投资住房，参加工伤保险等政府保险计划。这些方式各有局限（见表3–1）。相比之下，定期寿险具有费率低、保额高、投保简便、除外责任少

---

① 例如，根据世界卫生组织2016年的数据，全球由于非传染性疾病而早亡的概率（指在30~70岁之间死亡）平均是18.3%，其中，低收入国家明显高于高收入国家，例如欧洲是16.7%，东南亚是23.1%。

等特点①，相比其他方式来说在应对早亡风险问题方面具有明显优势。例如，投保年龄越低，定期寿险的费率就越低，这对于资金不足的年轻家庭来说特别有利。由此可见，在帮助家庭防范早亡风险方面，定期寿险能够弥补传统手段的不足，产生更加充分、全面的风险管理效果和收入替代作用。定期寿险还有助于缩小贫富差距。2017 年，基于 13 个国家数据的实证研究表明，以早亡或者永久残疾为保障对象的寿险产品在减少这些国家社会不平等方面发挥了重大作用，如果没有这类保险，那些"顶梁柱"去世后的家庭将面临更高的返贫概率②。正是由于定期寿险具有重要作用，在许多发达国家，它都是典型的基础保险产品，覆盖率很高，也成为提高社会抗风险韧性的重要工具。

表 3-1　家庭早亡风险传统管理手段的缺陷

风险管理手段	缺陷
提高收入水平	当前我国劳动者工资水平普遍较低，对于多数普通劳动者来说，快速而显著地提高收入水平并不容易；收入结构以工资收入为主，财产收入占比较低，再加上受到近年来女性劳动参与率下降等因素影响③，我国家庭缺乏工资以外的第二收入来源
开展储蓄和理财	对于较年轻的家庭来说，刚性支出多，可用于储蓄和理财的资金十分有限。此外，当前我国资本市场还不发达，适合普通劳动者投资的金融产品并不丰富
投资住房	买房需要花费很高成本；很多家庭只有一套房产，是立身之本，再加上房地产是非流动性资产，遭遇外部打击时较难很快出售；年轻家庭还处于还贷期，发生早亡事故时遗属债务负担沉重
参加工伤保险	主要针对正规就业人员，很少覆盖灵活就业人员；给付条件偏于严格，因工作遭受事故伤害或者患职业病的职工才可能得到赔偿

资料来源：作者总结。

———————

①　定期寿险的最高投保年龄常与退休年龄重合，如 60 岁、65 岁，一般不超过 70 岁。此外，定期寿险不积累现金价值，不具储蓄或投资功能，因而其价格要比终身寿险等产品低得多。

②　The Geneva Association，The role of insurance in mitigating social inequality，2020。

③　根据国际劳工组织统计，1990—2019 年中国女性劳动参与率（15 岁及以上）从 73.2% 降至 60.6%，下降 12.6 个百分点。

三、广泛性，即在初次分配、再分配、三次分配中都能有所作为

保险业可全方位在初次分配、再分配和三次分配中发挥作用，帮助构建合理的收入分配制度，助力扎实推动共同富裕。在初次分配领域，保险业发挥作用的典型例子是投资型保险产品可在为居民提供风险保障的同时，增加居民财产性收入。早在 2006 年，法国、日本和瑞典三国仅寿险产品占家庭金融资产的平均比例就已超过 16%，法国甚至高达 21%[①]。在再分配领域，保险业发挥作用的典型例子是居民以税后收入购买定期寿险、住房财产保险等保障型产品并获得保险金赔偿或给付[②]。在第三次分配领域，保险公司投资慈善基金会发行的债券、保单持有人将收到的保险赔偿捐赠给慈善机构、特殊情况下进行保险产品捐赠等都是保险业发挥作用的典型例子。

四、局限性，即保险业对共同富裕的促进受制于若干条件

与社会保险不同，商业保险有盈利动机，其经营目标并不包含促进共同富裕。这也意味着保险业要实现促进共同富裕的效果必须有一些前提条件。影响保险业促进共同富裕的因素包括：保险业发展阶段和发展水平，商业保险与社会保险的关系，政府政策导向等。一方面，如果保

---

① OECD，Households' Wealth Composition Across OECD Countries and Financial Risks Borne by Households，2008。

② 多数情况下，商业保险都被视为二次分配工具。

险业发展刚刚起步，保险产品覆盖率很低，则难以发挥促进共同富裕作用。另一方面，即使拥有高度发达的保险市场，如果缺乏正确的政策引导，保险业仍然可能无法起到促进共同富裕的作用。瑞士再保险公司研究[1]发现，各国收入不平等状况对保险市场会造成伤害，导致整体较低的保险深度，减少保险对家庭的保护。他们的研究表明，如果 2019 年发达经济体保持 20 世纪 90 年代的平等水平，其家庭拥有的保险保障金额要比 2019 年的实际水平高 2520 亿美元。换句话说，发达经济体由于不平等加剧导致出现了 390 亿美元的财险保障缺口和 2130 亿美元的寿险保障缺口。保险发展与共同富裕社会的构建是双向促进的过程，合理的收入分配结构会促进保险发展，健康的保险业也会促进收入分配情况的改善，反之亦然。

为上述结论提供有力证据的典型国家是美国。尽管美国是全球保险第一大国，保费规模逐年增长，但定期寿险等基础保险产品的拥有率却呈现下降态势[2]。特别是 2008 年国际金融危机和 2020 年新冠疫情使得美国社会贫富差距显著拉大。在此背景下，一方面财富差距导致美国成年人寿险拥有比例不断下降，寿险业惠及人群不断缩小，尽管从理论上讲，寿险产品的损失补偿、财富管理、养老医疗保障等功能对穷人有着远超过富人的更高效用，但大量中低收入者不再参保。另一方面，保险又使美国贫富差距状况进一步恶化。实证研究显示，美国居民金融财富每增加 1 美元，其个人定期寿险保额就增加 68 美分，住房财产保险保额则增加 2.25 美元。换句话说，在美国，财富越多意味着享受的保险保障越充

---

[1] Swissre, Reshaping the social contract: the role of insurance in reducing income inequality, 2022。

[2] 自 20 世纪 80 年代以来，美国贫富差距不断拉大，恰恰与定期寿险、住房财产保险等基础保险产品的拥有率不断下降有显著关系。1989 年，美国 77% 的家庭拥有寿险，到 2013 年，这一比例降为 60%。财富最少的美国家庭恰恰拥有最少的保险保障，尽管他们本可以从保险中受益最多。

足，发生意外时所获得的保险赔偿相应也越多，穷人则要么没有保险，要么保障不足。美国定期寿险等产品之所以更多惠及富人而不是穷人，研究者对此给出的解释是，其中既有穷人收入低、金融素养差等需求端因素，也有保险公司嫌贫爱富、更不愿意与低财富家庭合作等供给端因素[①]。尽管美国保险业不断发展，但却日渐成为拉大财富差距、增加不平等的工具。相关教训我国必须引以为戒。

---

① Gropper and Kuhnen，Wealth and Insurance Choices：Evidence from US Households，2021。

第二节　我国保险业促进共同富裕的现状

一、保险业实力的增强为促进共同富裕
奠定了基础

　　我国已成为仅次于美国的第二保险大国。2021 年我国保费收入总计约 6961 亿美元，约占全球的 10.1%，其中财产保险保费约 3307 亿美元，约占全球的 8.7%，人身保险保费约 3655 亿美元，约占全球的 12.2%。2022 年，我国保险业为全社会提供风险保障约 1.4 万万亿元人民币，同比增长 12.6%，保险公司赔付支出高达 1.5 万亿元人民币。保险密度、保险深度、人均保单数量等普及性指标显著改善。2022 年上述三项指标分别为 3326 元／人、3.88% 和 39 单，相比改革开放初期有明显增长。保险机构数量、服务能力提升明显。2022 年我国共有保险机构 239 家（见表 3–2），服务网点遍布城乡。在需求端，各类调查研究显示居民保险意识显著提高，特别是年轻一代的投保需求旺盛。在投资端，2022 年保险资金运用余额 25.35 万亿元，为资本市场和实体经济提供了长期资金[①]。上述数据表明，我国保险业正在扎实推动共同富裕方面发挥积极作用。

---

　　① 以 2021 年数据为例，在资本市场投资方面，2021 年保险业投资债券 9.1 万亿元，投资股票 2.5 万亿元，投资股票型基金 0.7 万亿元。在制造业和重大基础设施投资方面，截至 2021 年 5 月末，保险资金通过投资企业债券、股票、基金、股权、资管产品等方式，直接投资制造业、能源、科技及相关基础设施领域 4.35 万亿元，占保险资金运用余额的 19.07%。

表 3-2　2017—2022 年我国保险业发展主要数据

	2017 年	2022 年	增长幅度	年均增长率
保费收入	3.66 万亿元	4.70 万亿元	28.42%	5.13%
资产规模	16.75 万亿元	27.15 万亿元	62.09%	10.14%
其中：资管公司资产总额	491.45 亿元	1035.96 亿元	110.80%	16.08%
机构数量	222 家	239 家	7.66%	1.49%
其中：世界 500 强企业数量	8 家	8 家	0	0
保险金额	504.01 万亿元	13678.65 万亿元	2613.96%	93.52%
保险深度（保费收入占GDP 比重）	4.40%	3.88%	−11.82%	−2.48%
保险密度（人均保费）	2620 元 / 人	3326 元 / 人	26.95%	4.89%

资料来源：作者根据万得资讯数据整理。

二、党的十八大以来保险业在促进共同富裕领域开展了诸多工作

近年来，我国保险业努力拓展应用场景，在服务实体经济诸多领域实现了"零"的突破，经济"减震器"和社会"稳定器"功能得到更大程度的发挥。

（一）基础保险产品：普通寿险、健康保险

党的十八大以来，各类针对家庭或个人的基础保险业务取得长足发展，极大增强了我国居民的抗风险韧性。以传统的普通寿险、健康保险为例，根据万得数据，2022 年，上述两类产品保费收入分别为 24519 亿元、8653 亿元，相比 2012 年分别增长了 175%、903%；赔付金额分别为 3791 亿元和 3600 亿元，相比 2012 年分别增长了 152% 和 1108%（见表 3-3）。

表 3-3　党的十八大以来普通寿险、健康保险产品发展情况

保险种类	2012 年		2022 年		2022 年比 2012 年增长比例	
	保费收入（亿元）	赔付金额（亿元）	保费收入（亿元）	赔付金额（亿元）	保费收入（％）	赔付金额（％）
普通寿险	8908	1505	24519	3791	175	152
健康保险	863	298	8653	3600	903	1108

资料来源：万得资讯。

（二）专项保险产品：小额保险、农业保险

在政府指导和推动下，小额保险、农业保险等享受高补贴，重点保护抗风险能力较弱人群，兜住防止返贫底线的险种获得长足发展。

我国于 2003 年提出要建立政策性农业保险制度[①]，并于 2004 年开展试点。新时代以来，我国农业保险发展迅速，具体体现在六个方面。一是保费收入逐年增加，根据国家统计局数据，2021 年我国农业保险保费收入为 976 亿元，相当于 2012 年的 4 倍有余。二是保障金额稳步提升，2021 年我国农业保险保障金额达 4.57 万亿元。三是覆盖品类逐步扩大，截至 2020 年底，我国农业保险承保品种超过 270 个，三大主粮覆盖率接近 70%[②]。四是补贴力度稳步增强，2021 年中央财政安排农业保险保费补贴金额超过 333 亿元，补贴标的共 17 个。五是赔付金额不断提升，2021 年，农业保险赔付金额达 527.91 亿元。六是保险种类持续丰富，截至 2021 年全国累计开发农业保险产品 2808 个。其中，保障生产风险的农业保险产品为 2320 个，包括成本保险 2228 个、产量保险 14 个、气象指数保险 78 个；市场风险保障产品合计 488 个，包括价格保险 233 个、收入保险 158 个、期货保险 97 个。

---

① 详见党的十六届三中全会文件。
② 按面积计。

2008 年，我国借鉴印度、孟加拉国和菲律宾等发展中国家经验，开始在 9 个省份试点小额人身保险，为低收入人群提供保障，并在 2009 年将试点进一步扩大到 19 个省份。2015 年，我国小额保险赔付支出超过 13 亿元，几乎相当于 2009 年的 10 倍[1]。2016 年原保监会印发《中国保险业发展"十三五"规划纲要》，明确提出"大力发展普惠保险，开发各类保障适度、保费低廉的小额保险产品"，小额保险发展进入快车道。

总体来看，我国中央财政补贴险种、地方财政补贴险种和商业性险种共同组成的多层次农业保险体系逐步建立，为脱贫攻坚、乡村振兴以及共同富裕工作提供了有力支持。据中国保险业协会统计，2021 年中央财政补贴型、地方财政补贴型和商业性保险产品提供的风险保障额度分别为 6926.21 亿元、7997.30 亿元和 1234.06 亿元，覆盖的农村人口数量分别为 6142.17 万、3894.63 万和 1140.69 万。

（三）财富管理型保险产品：万能寿险、分红寿险等

对投保人而言，保险产品兼具保障与投资的双重功能。保险产品中兼具投资、保障功能的最主要产品是分红寿险。根据万得数据，2022 年分红寿险保费收入为 10833 亿元，占全部寿险保费收入的比例超过 50%。相比 2012 年，分红寿险保费收入增长 45.34%，在居民资产配置、财富管理中的地位稳步提升。其他注重投资功能的保险产品还包括投连险和万能寿险。根据原银保监会和万得数据，2022 年投连险和万能寿险保费收入分别为 220 亿元和 104 亿元[2]。其中，投连险相比 2012 年大幅增长 165.06%。万能寿险在政策的规制下，保费收入增长幅度相对较小（见表 3-4）。

---

[1] 吴剑、孙蓉、丁俞希：《普惠保险发展的路径选择及其优化——基于小额保险的国际经验》，《西南金融》，2020 年第 1 期，第 78~87 页。

[2] 由于万得数据库未持续更新，万能寿险为 2018 年数据。

表 3-4 党的十八大以来财富管理型保险产品发展情况

保险种类	保费收入（亿元）		增长比例（%）
	2012 年	2022 年	
万能寿险	98	104	6.86
分红寿险	7454	10833	45.34
投连险	83	220	165.06

资料来源：原银保监会数据，万得数据。

（四）企业保险产品：企业财产保险、科技保险

企业是市场经济活动的微观主体，为企业提供风险保障，提升企业的抗风险韧性，能为社会主义市场经济平稳运行提供帮助。

2016—2021 年中国企业财产保险保费收入总体呈上升趋势，2021 年达到 520 亿元，同比增长 6.07%。企业财产保险中，扩展承保企业因保险事故发生导致利润减少等间接损失的营业中断险发展格外迅速，有效提高了企业的抗风险能力。2020 年 2 月，海南、上海等地政府与保险公司合作推出复工复产企业疫情防控综合险。海南省该产品首批覆盖 100 家重点企业，大多为劳动密集型企业。截至 2020 年 2 月 20 日，100 家企业已经全部投保；单家企业保费 12 万元，保险金额 200 万元，保险期限 6 个月。保费方面，海南省财政厅补贴保费的 70%，企业自担 30%。

2017 年党的十九大确立我国到 2035 年跻身创新型国家前列的战略目标。为实现高水平科技自立自强，2021 年 11 月，原银保监会印发《关于银行业保险业支持高水平科技自立自强的指导意见》，我国科技保险进入发展快车道。具体来看，我国科技保险发展有六大趋势。一是经营主体不断增加。试点初期科技保险经营机构仅中国人民保险集团股份有限公司、华泰保险集团股份有限公司、中国平安保险（集团）股份有限公司和中国出口信用保险公司四家公司，全面推广后，获原银保监会和科技部批准的机构

均可经营。二是险种日益丰富，保障范围不断扩展。科技保险试点初期仅 6 类险种，随着企业需求的增加和试点地区的创新，目前我国科技保险险种已有 30 余类，保障范围包括人身、财产、责任、信用、研发、融资、环境和知识产权等方面，基本覆盖企业各环节的科技风险。三是政府支持力度逐步加大。为推动科技创新和科技保险产业发展，国家和地方政府出台了多项支持政策。支持范围逐步扩大，如 2021 年云南将保费补贴的险种进一步扩大到 185 个，相比上一年增加接近八成。补贴力度逐渐加强，以长三角地区为例，上海科技保险补贴超过千万元，杭州萧山对企业科技保险补贴按各险种保费的 30%~70% 予以资助。四是企业投保意愿不断增强。随着政府和保险机构的宣传推广，科技保险作用逐步发挥，科技企业的风险意识、投保意愿不断增强。以东莞市为例，2016 年仅 17 家科技企业获得保费补贴，2021 年则升至 476 家。五是保障水平不断提高。以广东省为例，2022 年上半年科技保险提供风险保障超过 8500 亿元，同比增长 13.48%。六是机构服务能力进一步提升。近年来，保险企业积极探索服务新模式，中国太平洋保险（集团）股份有限公司、阳光保险集团股份有限公司、中国大地财产保险股份有限公司等险企成立专营的科技保险机构。多家保险机构成立中国集成电路共保体，为参保企业提供综合性创新型保险产品和服务，2021 年共提供 5900 亿元风险保障。

科技保险中，助力重大技术装备创新发展的首台（套）装备保险发展尤为迅速。2015 年，财政部、工业和信息化部、原保监会联合发布《关于开展首台（套）重大技术装备保险补偿机制试点工作的通知》，标志着我国首台（套）装备保险发展开始加速。截至 2015 年 9 月，全国共出首台（套）保险保单 88 笔，保费总额 3.1 亿元，保险总额 115.4 亿元。2019 年，财政部、工业和信息化部、原银保监会发布通知，进一步完善首台（套）重大技术装备保险补偿机制试点工作。以浙江为例，2022 年浙江省通过首台（套）装备保险向 105 家企业支付赔偿，覆盖杭州市、湖州市、嘉兴市、绍兴市、金华市、衢州市、舟山市、台州市、丽水市等。

（五）多层次社会保障产品：防贫保、大病保险、长期护理险、惠民保、延税型养老保险等

保险公司通过和政府合作，并通过商业经办、定制化产品等方式参与社会保障网建设，提升全体居民特别是弱势群体的抗风险能力，助力共同富裕。多层次社会保障产品主要有以下几类。

一是防贫保。总体看，各地防贫保多由当地政府主导，保费中政府承担比例一般在80%以上，部分地区全部由政府承担。各地防贫保有两种模式，第一种模式是事前不记名，由政府出资为"一类人"提供保险，符合条件的当地居民在受到损失后可申请赔付。采用这种模式的地区包括河北省魏县、湖北省天门市等。第二种模式是事前记名的传统商业保险模式，脱贫户和监测帮扶对象自主参保。采用这种模式的地区包括安徽省旌德县、内蒙古自治区乌力吉苏木等。

各地防贫保的保费标准、保障内容存在差异，具有一定的地方特色。如河北省魏县、湖北省天门市防贫保的标准保费为每人每年50元，主要保障医疗、意外等；内蒙古自治区乌力吉苏木的保费标准则为每人每年100元，保障内容包括医疗、意外伤害致残、意外身故、自然灾害、教育补偿；安徽省旌德县则采用"3+N"的形式，即3项必选项目（特色农产品保险、健康保险、意外伤害险）+若干民生保障自选险种（基本生活保障保险、家庭财产损失保险、教育升学补贴保险、履约保证保险等），保费最低每人每年100元。

二是大病保险。2014年国务院医改办公室发布《关于加快推进城乡居民大病保险工作的通知》，我国大病保险试点正式启动。截至2021年底，18家保险公司在全国31个省份开展了大病保险业务，覆盖了12.2亿城乡居民（包含部分城镇职工）。自大病保险实施以来，获得赔付人员累计超

过 6000 万人，全国大病患者实际报销比例在基本医保的基础上平均提升了 10~15 个百分点，最高报销金额 111.6 万元。

三是长期护理险。我国针对失能老人的长期护理保险试点启动于 2016 年。截至 2021 年上半年，试点城市已从最初的 15 个拓展到 49 个，长期护理险参保人数达到 1.34 亿人。

四是惠民保。惠民保是城市定制型商业医疗保险的俗称。据复旦发展研究院数据，截至 2022 年底，全国共推出 263 款惠民保产品，覆盖 29 个省级行政区。惠民保的特点突出体现在"两低五高"上。首先是低费率和低免赔额，费率不超过 100 元、免赔额小于 6 万元的产品分别占全部产品的 67.68% 和 91.63%。其次是高医保外责任、高赔付比例、高政府引导、高透明度和高普惠性。惠民保中有医保外责任和特定高额药品责任的分别占 40.44% 和 79.33%；医保外和特定高额药品赔付比例大于 50% 的分别占 25.48% 和 71.10%。约 75% 的惠民保明确有政府参与。高政府引导带来的是高透明性和高普惠性。据统计，信息披露上，明确公布保险经纪公司、健康管理公司和合作药企的产品比例分别为 63%、40% 和 54%；投保要求上，无年龄上限、无年龄下限和无投保职业要求的分别占 90.80%、86.59% 和 99.62%。

五是延税型养老保险。2018 年 4 月，财政部等五部委宣布在上海、福建省（含厦门市）和苏州工业园区等地开展个人税收递延型商业养老保险试点。2018 年 5 月 1 日至 2019 年 6 月底，三地共有 23 家保险公司符合试点条件，累计实现保费收入（新单和续期）1.5 亿元，投保人数 4.5 万人。

六是专属商业养老保险。自 2021 年 6 月 1 日以来 6 家寿险公司在浙江省和重庆市率先试点发展良好。截至 2023 年一季度末，累计保费规模 50.8 亿元，投保件数 42.9 万件，其中新产业、新业态从业人员和灵活就业人员投保超过 6 万件。

七是个人养老金制度。2022 年 4 月，国务院办公厅发布《关于推动个人养老金发展的意见》，延税型养老保险并入个人养老金制度，我国第三支柱养老保险的基础制度框架基本确立。个人养老金采用账户制，具有一定的节税功能。据计算，年收入 20 万元的人通过个人养老金每年可节税 2000 元。通过个人账户可购买养老保险、公募基金、理财产品和储蓄存款等不同养老金融产品。

三、我国保险业促进共同富裕的领域较广，但深度仍需要发力

在政府支持下，我国保险业介入了社会治理的许多领域，如许多地方政府出资为辖区居民或农民工等特定群体购买人身意外保险。2014 年以后我国不少地方政府还开展了定制化的灾害保险项目，由地方招标选定的保险公司与政府签订保险合同，合同中指定的意外事故发生后由保险公司对受灾群众给予现金赔偿，其中包括对住房损失的赔偿。地方政府定制的灾害保险项目名称各具特色，包括政策性农房保险、自然灾害民生保险、巨灾保险、治安保险等，多数情况下保费支出由政府全额或者部分补贴。我国部分地方政府还对科技保险、环境污染责任保险等企业保险产品实施一定保费补贴政策，以期推动地方科技发展、绿色发展。这些政府与市场合作的民生保险、企业保险项目或有利于经济增长，或有利于增强居民抗风险能力，客观上都能达到优化收入分配、促进共同富裕的目的，凸显了我国保险发展"以人民为中心"的理念。

受制于保险供给质量不高、政府财力有限、制度设计不合理等因素，政府与市场合作的保险项目往往存在覆盖面有限、过度依赖补贴、可持续性较差等问题，整体所能发挥的作用较为有限。例如，目前我国所有省份都不同程度建立了政策性农房保险制度。由于有政府统一承保、保费补贴等支持措施，住房财产保险在部分农村地区覆盖率较高。然而，我国城镇地区的居

民住房财产保险发展滞后，覆盖率偏低。住房财产保险整体覆盖率不高限制
了保险损失赔偿功能的发挥。2008—2021年，我国保险业发展迅速，保险
赔偿占灾害直接损失的比例明显提高，但发挥作用的主要是车险、农险、人
身意外伤害险，在房屋损失方面的赔偿仍然占比较低[①]。即使在住房财产保
险覆盖率较高的政策性农房保险领域，较低的保额也使得保险赔偿金往往无
法满足农民重建住房的资金需要[②]。国际比较数据显示，我国巨灾保险赔付
金额占灾害损失额的比例只有3.5%，在亚太地区属于偏低水平（见图3–1）。

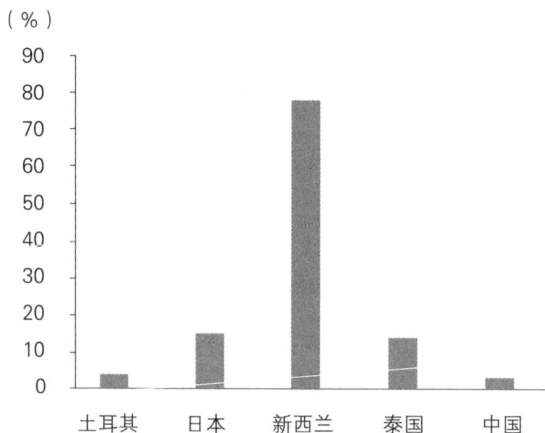

（%）

图 3-1　亚太地区部分经济体巨灾保险赔付金额占灾害损失额的比例

资料来源：P G Dhar Chakrabarti，2020，Catastrophe Risk Insurance in the Asia–Pacific，https：//
www.unescap.org/sites/default/files/Session5_06_P.G%20Dhar%20Chakrabarti_Catastrophe%20Risk%20
Insurance%20in%20the%20AP_0.pdf。

　　综上所述，整体来看，我国保险业在促进共同富裕方面尽管取得了积
极进展，但整体还处于早期发展阶段，仍然大有潜力可挖。

---

　　①　2008年汶川"5·12"特大地震共造成直接经济损失8451亿元，保险赔付金额为16.6
亿元~20亿元，保险赔偿占比几乎可以忽略不计。2021年7月河南暴雨造成直接经济损失1142.69
亿元，保险业初步估损为124.04亿元，保险赔偿占10%以上。
　　②　例如，2015年10月30日云南省保山市发生5.1级地震，永平县民房获得的农房地震
保险赔付金额占到直接损失的16.83%，单靠保险赔付不能满足农民灾后恢复需要。许多调查显示，
农民对提高政策性农房保险的保额有很高诉求。

第三节 我国保险业促进共同富裕的
待改进之处

一、保险业总量发展不足

尽管我国已经是仅次于美国的保险业全球第二大市场，但中美保险业之间的发展差距显著大于中美宏观经济的差距。以保险业对经济发展的贡献率来衡量，美国保险业对 GDP 的贡献率常年保持在 3% 左右（见表 3-5），保险业增加值占整个金融业增加值的 1/3。相比之下，我国并没有公布保险业的增加值。不同测算数据显示，中国保险业占金融业增加值的比重为 7%~10%。

表 3-5 2017—2021 年美国保险业对 GDP 的贡献

年度	GDP（10 亿美元）	保险业及相关服务业贡献的 GDP（10 亿美元）	保险业贡献的 GDP 份额（%）
2017	19479.6	550.7	2.8
2018	20527.2	590.7	2.9
2019	21372.6	604.5	2.8
2020	20893.7	640.3	3.1
2021	22996.1	674.2	2.9

资料来源：美国商务部经济分析局。

Lee 等（2017）基于跨国数据对商业保险市场发展和不平等的关系进行了量化研究，结果发现，寿险（覆盖早死、永久残疾等风险）在减少社会不平等方面发挥着比非寿险更重要的作用，但非寿险被认为在推动经济增长方面更加重要。对 2021 年的中美寿险业主要发展指标进行对比可发现（见表 3-6），中国寿险业保费收入、全球份额等主要发展指标与美国相差较大，这意味着我国寿险业在减少不平等方面受到较明显的能力不足制约。

表 3-6　2021 年中美寿险业主要发展指标对比

项目	中国	美国
寿险业保费收入（亿美元）	3654.56	6096.42
全球份额（%）	12.2	22.4
全球排名	2	1
人均保费（美元）	253	1837
寿险业保费收入占 GDP 比重（%）	2.1	2.6
寿险业总资产（万亿美元）	3.4	8.5
寿险业总资产占 GDP 比重（%）	18.6	36.4

资料来源：瑞士再保险股份有限公司。

二、投保率普遍较低

除了车险、种植业保险等少数险种之外，我国多数保险产品的投保率都低于 20%，这与美国等发达国家形成鲜明对比。以定期寿险为例，定期寿险在我国并非重要的寿险产品，普及率也不高。2020 年我国人身保险公司新增保单约 9.06 亿件，其中包含定期寿险的普通寿险①保单共有 6649 万件，占 7.34%，远低于意外险和健康险的保单数量（见表 3-7）。在普通寿险中，消费者投保的多数是终身寿险、两全保险等储蓄型产品，对定期寿险这一不积累现金价值的纯保障型产品兴趣不大。目前我国监管部门并没有单独发布有关定期寿险的投保数据。保险业上市公司的公开数据显

---

① 普通寿险也叫传统寿险，是指预定利率固定、投资风险和收益完全由保险公司承担的寿险产品，对应的是分红寿险、万能寿险、投资连结寿险等新型产品。

示，销售收入排在前列的主要是重大疾病保险、年金保险、终身寿险等产品，定期寿险并不在其中。相比之下，在全球第一保险大国美国，2016 年定期寿险在寿险市场保单件数中的占比为 48%，保费占比为 21%，保额占比为 69%[①]。根据美国寿险行销调研协会（LIMRA）发布的数据，2019 年54% 的美国成年人拥有寿险保单，其中又有 71% 的人拥有定期寿险保单。在日本，2016 年个人寿险有效保单件数中约 13% 是定期寿险。在新加坡，2019 年约 190 万民众拥有中央公积金制度下的定期寿险保单，占本地劳动年龄人口的比例超过八成。

表 3-7　我国人身保险公司新增保单结构

类别	2018 年		2019 年		2020 年	
	件数（万件）	占比（%）	件数（万件）	占比（%）	件数（万件）	占比（%）
新增保单件数	80900	100.00	79722	100.00	90613	100.00
寿险	8900	11.00	10083	12.65	8509	9.39
其中：普通寿险	5549	6.86	7094	8.90	6649	7.34
意外险	NA	NA	39003	48.92	45317	50.01
健康险	NA	NA	30638	38.43	36787	40.60

注：NA 表示数据不可得。
资料来源：根据原银保监会网站数据整理。

除了定期寿险之外，还有许多保险产品在发达国家是必需品，但在我国投保率却很低。例如，家庭财产保险（简称家财险）在美国的投保率高达八成，在我国则不到一成；美国几乎所有上市公司的董事及高管都会投保相关责任险，而我国投保率仅在 15% 左右；2020 年美国 30%~40% 的私人企业主都持有某种形式的企业营业中断保险，而这一产品在我国只是刚刚兴起（见表 3-8）。

[①] 陈志华：《保险回归保障定期寿险必不可少》，《中国保险报》，2018 年 2 月 6 日第 2 版。

表 3-8 美国部分保险产品的投保状况

投保率	险种
50% 以上	定期寿险、房屋所有人保险、租房人保险、商业健康保险、企业财产保险、上市公司董事及高管责任险、产品责任险等
20%~50%	高风险地区的洪水保险、地震保险、企业营业中断险、手机保险、终身寿险等

资料来源：作者整理。

三、保险产品多样性和功能性不足

相比美国，我国保险产品存在分层较少、目标客户雷同、条款宽泛、同质化严重等问题，保险产品对消费者的吸引力较低（见表 3-9、表 3-10）。此外，受投保意识、文化习俗等因素影响，商业保险在我国居民

表 3-9 中美部分保险产品的分层比较

	美国	中国
家庭财产保险	针对普通住房、公寓、老旧房屋、移动房屋等都有不同的标准化保单，适用不同条款和费率	保单主要适用城镇住房；在同一区域内的房屋实行无差别费率
企业财产保险	主要分为企业所有人保险（BOP）和企业一揽子保险（CPP）两大类，前者是针对小企业的标准化保单，后者购买对象主要为大企业，包含更多定制化因素	主要面向大中企业销售
年金保险	分为固定年金、变额年金、指数年金等多种类型，既有适合经济上行、股市繁荣时期的产品，也有适合经济衰退、股市动荡时期的产品	以"固定给付 + 少数分红"形式的传统年金为主，在投保年龄、保险期间等条款上大同小异
人身险	针对投保人的差异性需求提供差异化产品，不同产品的主力购买人群有很大区别，如定期寿险的典型购买年龄为 25~50 岁，终身寿险为 30~60 岁，递延年金为 40~65 岁，即期年金为 55~80 岁	多数产品都有较为严格的投保年龄限制，最大投保年龄多设置在 60 岁左右，很少有适合退休人员购买的产品；主力购买人群为青壮年

资料来源：作者整理。

表 3-10　中美部分保险产品功能对比

	美国	中国
定期寿险	广泛用于遗属生活保障、支付丧葬费用、偿还家庭债务、慈善捐赠、遗产继承等各个层面	主要用于遗属生活保障
家庭财产险	覆盖保险事故造成的住房结构损失、室内财产损失、个人责任、医疗费用以及房屋用途丧失损失 ①	不包括房屋用途丧失时的必要支出
年金保险	不仅是重要的养老储蓄工具（用于覆盖活得过长而收入不足的风险），还是具有延税、抵御通胀、对冲市场下行风险等独特功能的长期投资工具	以短期快速返还和高回报率为卖点，较少用于长期养老目的
健康保险	具有医疗费用报销、残疾后支付替代收入、获得增值医疗服务等多种功能	以一次性给付或定额给付产品为主，费用报销和收入替代型产品很少

资料来源：作者整理。

和企业的日常生活中存在感较弱，保险产品的功能也以事故发生后的损失补偿为主，存在应用场景狭窄、功能单一的突出问题。相比之下，美国保险产品往往有广泛的使用场景，保险功能较为齐备。例如，美国的定期寿险、家财险、健康险等产品不仅能提供损失补偿等传统保障功能，还能发挥一定的收入替代功能；年金保险则兼具保障和长期投资功能，具有银行和证券理财产品所不具备的特殊优势。

四、保险销售渠道多元化程度较低

美国保险销售渠道十分多元。寿险代理人队伍包括只为一家公司服务的专属代理人和同时为多家公司服务的独立代理人两种。此外，团体保

---

① 在住房因为火灾、维修不当等事故导致受损不适合居住的情况下，美国的家财险一般还会负责被保险人暂居他处的必要生活费用支出。

险、证券机构也是重要的保险销售渠道。例如，2021 年美国年金保险市场和意外健康险市场相当部分业务来源于团险销售渠道。证券机构在个人年金销售领域占据主导地位。2020 年美国个人年金保险销售收入的 25% 来自独立证券经纪机构，15% 来自全国性综合券商，独立代理人和银行代销占比分别为 19% 和 18%。

相比之下，我国保险销售渠道以附属代理人和银邮兼业代理为主，集中度偏高，多元化程度不高。例如，我国代理人队伍长期以来只有附属代理人一种类型。2021 年在监管机构推动下我国部分保险公司开始探索发展独立个人保险代理人制度。但这一制度的初衷是破除当前保险营销体系的层级关系，建立有别于传统团队型的个人保险代理人，其本质还是附属代理人制度。除了附属代理人和银邮代理之外，团险、券商代理、保险经纪等其他渠道业务贡献度不高。2019 年我国保费收入渠道结构中，银邮代理、个人代理在保费收入中分别占据 30.29% 和 58.15%，公司直销占8.04%，专业代理、其他兼业代理、保险经纪公司合计占 3.5% 左右。目前我国农村人群、60 岁以上高龄人群、中小企业、新能源经营用车等存在一定投保难问题，也存在保险产品供需匹配度较差等问题，影响了保险业促进共同富裕目标的实现。这些保险可及性以及保险产品创新问题都不同程度与保险销售渠道的单一化有关。

五、监管效能有待提升

保险创新对建设促进共同富裕的保险业至关重要。保险创新离不开监管的有力支持，但监管机构如何在审慎和包容、发展和稳定之间取得平衡，是一项系统性挑战，也是至今尚未完全破解的难题。

一个例子是，为了防控风险，当前我国对保险业实施"严格准入"式监管，审批条件非常高。单就新设保险公司的最低资本要求而言，我国的要求不仅高于许多发达国家，也高于许多发展中国家。根据 2013 年原保监会发布的《保险公司业务范围分级管理办法》，设立寿险公司所要求的最低资本是 2 亿元，且只能经营三项基本业务（普通寿险和年金保险、健康保险、意外伤害保险）中的一项，每增加一项基本业务须增加不少于 2 亿元的注册资本；如果经营上述所有三项基本业务，再加上两项额外基本业务（分红型保险和万能型保险）中的任何一项，则需要 10 亿元；如果申请经营全部五项基本业务，则注册资本不可低于 15 亿元。相比之下，美国纽约州设立保险公司的最低资本要求只有 200 万美元，印度为 10 亿印度卢比，泰国为 5 亿泰铢。由于我国保险业进入门槛过高，导致保险公司数量偏少，大而全公司占据主导、小而美保险公司稀缺。

我国保险监管效能不足的另外一个例子是针对保险销售的行为监管尚不健全。一方面，我国 2015 年取消了对保险销售中介人员的资格考试和资格核准，转而放权交由保险公司全权负责其代理人的基本专业素质。监管机构对保险代理人的进入门槛缺乏资格考试等底线监管，导致短期内我国保险代理人数量大幅增加、资质良莠不齐，一旦遇到意外冲击又会出现人员快速流失的现象。保险销售队伍的不稳定导致了业务增长的波动性。另一方面，我国对线上销售的保险产品种类又实施较为严格的限制，将其视为防控线上保险销售风险的补充手段。不过，由于现阶段我国对线上线下的保险销售行为监管尚不到位，特别是对保险合同签订前的销售行为监管偏弱，不论何种产品、不论是在线上还是线下销售都可能出现侵害购买者知情权、选择权的问题，限定网销品种类型可能不仅难以控制风险，还可能影响健康险、养老险等产品的推广。

六、政策保障体系有待加强

在其他条件相似的情况下，政策保障措施充足且到位，对一国保险业的发展以及促进共同富裕目标的实现将产生关键作用。与美国等保险业发达国家相比，我国在支持保险业发展方面的保障还不够。

以两类基础保险产品——住房财产保险和定期寿险为例作一下说明。

发达国家采用多种方式强制或者引导居民投保住房财产保险，使其成为金融消费"必需品"。一是强制投保。如法国法律规定，不论是房东还是租房人，在搬进房屋之前必须购买住房财产保险。二是与住房贷款形成联动。如英国、美国、新加坡等国家允许银行从风险管理角度对房贷申请人提出投保财产保险的要求，即申请住房贷款前必须购买住房财产保险。三是其他政策激励。例如，日本居民投保住房地震保险的保费支出能享受所得税税前抵扣的待遇；在美国和新加坡，借款人投保住房财产保险是获得优惠住房贷款的前提条件。相比之下，我国家财险、城乡居民住宅地震保险、部分地区的城市定制灾害保险均属于自愿投保险种，居民购买相关财产保险的行为与住房贷款是否获批没有必然联系，也不能享受特定政策优惠。在保险和风险意识有待增强的背景下，我国居民很少主动、自愿投保住房财产保险。

在推动定期寿险发展方面，发达国家也有许多保障政策。1954 年，美国联邦政府就建立了"联邦雇员团体寿险计划"（FEGLI），向联邦雇员、邮政雇员和年金领取者提供定期寿险，基本保障部分个人无须缴费。目前该计划覆盖超过 400 万人，堪称世界上最大的团体寿险计划，这一计划能够产生稳定公务员队伍的效果。此外，对于企业为员工购买团体定期寿险的保费支出，美国允许在企业所得税税前抵扣。这一措施的好处很多。一是以团体定期寿险（而不是个人定期寿险）作为激励对象，既有助于降低保费费率，也能缓解逆选择问题。二是对税收优惠设定一系列限定条件，如团体保险不能只针对关键雇员，而必须具有普惠性；如果雇员早亡，受益人必须是其家人而不能是企业等。这些条件确保了更多遗属能够真正受益。三是享受税收优惠的定期保险，其保额不超过 5 万美元。如果雇员觉得保障不够，可以自行出资购买补充保险。这一设计既有利于提升民众的保险意识，也不会给财政增加过多负担。

新加坡也有支持定期寿险发展的政策，主要方式是自 1989 年起在中央公积金制度框架下设立"遗属保障计划"（DPS）。该计划具有如下优点。一是遗属保障计划的本质是向公积金参保民众提供定期寿险，意味着政府将对早亡参保人的遗属的保障视同与住房、养老、医疗一样重要的社会安全需求，纳入统一规划和管理。二是采用自动加入机制，即当居民满 21 岁时，系统会默认其已经加入了遗属保障计划，开始每年自动从其公积金账户里扣除相关保费支出，除非个人明确声明不参加该计划。自动加入机制的引入使得投保率能保持很高的水平。三是允许使用公积金账户储蓄来缴纳保费，这意味着保费支出能在税前抵扣。四是全国适用统一的定期保险条款，委托特定保险公司运营。由于保险公司无须为营销花费力气，因而确保了较低的费率和较少的逆向选择。测算表明，40 岁及以下人群投保"遗属保障计划"下的定期保险，其保费要比在市场上购买同类产品更加便宜。

相比之下，我国定期寿险普及率远低于发达国家，这意味着家庭并没有利用它来保障财务安全，企业并没有利用它来增加员工福利，政府更没有利用它来减少收入不平等。当前我国政策体系缺乏对早亡风险和遗属保障的关注，定期寿险的发展也缺乏相关的政策支持。在我国，企业为职工支付的商业保险费只有两种能税前扣除：一是企业依照国家有关规定为高危工种职工支付的人身安全保险费，二是因公出差乘坐交通工具发生的人身意外保险费。换句话说，在我国无论是企业还是个人投保定期寿险，保费支出大都不能享受类似美国、新加坡那样的税前抵扣。

近年来，我国借鉴国际经验，在保险业发展方面更多引入税收优惠方式。例如，我国自 2017 年 7 月 1 日开始，允许个人购买商业健康保险支出在税前扣除，不过扣除时间仅限当年，扣除金额不得超过每年 2400 元或每月 200 元。自 2018 年开始，个人购买延税型养老金或者利用个人账户资金购买符合规定的商业养老保险，可以在每年 12000 元限额内进行税前抵扣。不过，与美国相比，我国保险产品在一些方面的税收优惠存在不足。一是没有建立明确的随通胀等因素进行适时调整的机制，导致税收优惠力度吸引力不大。二是没有考虑不同年龄阶段人群的不同需求。我国所有参保人群都适用同样的税收优惠额度，但美国会对较年长人群给予政策倾斜。例如，2020 年，美国 50 岁以下个人每年最多可以在个人退休账户（IRA）存款 6000 美元，50 岁及以上的人可以额外多存 1000 美元。美国人投保商业长期护理保险，每人每年允许抵扣的保费，依据年龄阶段不同而有更加精细的划分（见表 3-11）。

表 3-11 2020—2021 年美国人投保商业长期护理保险允许抵扣的最高保费

年龄阶段	2020 年	2021 年
40 岁及以下	430 美元	450 美元
41~50 岁	810 美元	850 美元
51~60 岁	1630 美元	1690 美元
61~70 岁	4350 美元	4520 美元
71 岁及以上	5430 美元	5640 美元

资料来源：美国税务局（IRS）网站。

第四节　保险业进一步支持共同富裕的思路

一、适当降低保险机构准入门槛，引入新的保险业务牌照

一是将区域保险公司的审批权限下放。对于业务范围局限于本省、产品线局限于传统业务的保险公司的设立申请，审批权限由国家金融监管总局下放给属地监管局。可对区域保险公司的股东资质、持股比例等提出进一步要求。

二是适当降低专业保险机构的进入门槛。在严格限制地域和业务范围的条件下，对相互和合作保险组织、专业保险公司、自保公司和区域保险公司适当下调资本金要求，加快审批流程。

三是借鉴国际经验，引入"高风险产品保险机构""特殊目的保险公司""单一产品线保险公司""公益保险公司"等新牌照，分门别类制定监管规则。

四是在代理、经纪和公估三大保险中介牌照之外，引入"第三方管理服务"新牌照，将深度介入保险业务环节的保险科技企业纳入监管序列。

二、以普及、升级和创新为目标，构建高质量保险产品供给体系

一是明确部分基础保险产品的普及率目标，使之成为国家相关风险管理体系的第一道防线。将定期寿险和人身意外险作为社会安全网的一部

分，住房财产保险（房主和租户保险）作为住房安全网的一部分，企业财产保险作为供应链安全网的一部分，商业养老保险、商业健康保险作为老年安全网的一部分，在国家层面确立 10 年内普及率均达到 50% 以上的发展目标。

二是针对不同保险必需品确立差异化的推动战略。例如，定期寿险、人身意外险主要依托财税等激励措施，在团体保险的基础上快速发展；住房财产保险主要通过在住房信贷政策和住房财产保险政策之间建立有机联系快速发展；企业财产保险的发展依据企业规模（大中企业和小微企业）采取不同推动战略，如对大企业而言，着力探索保险公司和企业新型合作方式（如建立风险自留机制、引入保险委托业务模式等），对小微企业而言，则探索建立政策性企业综合保险制度（财产保险 + 营业中断保险）；商业养老保险、商业健康保险的发展主要依赖于在多层次社保改革进程中为保险公司提供更多作为空间，如个人养老金制度改革中实施更大、更灵活的税收优惠，医改中适当增加保险公司参与医疗服务供给的机会；灵活就业人员的工伤保险更多尝试使用商业保险形式解决。

三、改善监管规则，提高监管效能

一是加大多元化、差异化监管力度。在保险产品监管、销售渠道监管中更加强调多元化、差异化导向。如针对老中青客户、大中小企业建立差异化和标准化的示范保单制度，鼓励和引导保险机构在示范保单基础上开展产品及服务创新。切实推进保险销售渠道多样化改革，在专属代理人、银行保险之外，积极推动独立代理人、保险经纪、证券代销、互联网销售、公司直营等渠道的健康发展。

二是将新型、高风险保险业务与传统保险业务分开管理。可借鉴美国经验，建立专门的高风险保险市场，采用限定经营机构、制定差别化监管规则、允许地方政府提供专项支持等方式予以特别管理，等高风险保险业务逐渐成熟定型后，就将其转为传统业务。

三是强化保险销售行为管理。提高保险营销人员进入门槛，营销人员必须经过国家层面的职业培训和资格考试后才能获得销售许可。对保险合同签订前必须向客户告知的信息制定统一的披露要求和披露格式。对于复杂保险产品的销售增加监管要求（如必须有咨询建议过程）。在强化销售行为监管的规则制定和实施力度条件下，可以对满足一定资质要求的平台企业放开线上保险销售产品种类限制。

四、优化商业保险税收优惠政策

一是通过税收优惠吸引非营利保险公司发展壮大。参考国际经验，在股份保险公司和相互保险公司之外引入非营利保险机构牌照，包括经营管理式医疗保险的健康维护组织（HMO）、经营网络互助保险的社会企业等。对非营利保险机构的纳税义务给予部分或全部免除。

二是增加保险产品税收优惠的力度、范围和精准性。加强团体保险的税收优惠。将团体保险视为企业员工福利计划的重要组成部分，加大财税支持力度。如扩大允许企业税前抵扣的保险产品范围，明确企业为员工购买的团体定期寿险、团体意外保险、团体残疾保险、长期护理保险等产品可在不超过工资总额 2% 的范围内予以税前抵扣；鼓励小微企业通过个人养老金制度帮助员工积累养老储蓄；鼓励企业为符合条件的兼职人员购买团体定期寿险等产品，代缴的保费可以作为正常营业费用予以税前扣除。建立商业健康保险、商业养老保险等产品税收优惠的动态调节机制。在确定税收优惠额度时引入防止通胀、生命周期等目标。如当前商业健康保税收优惠每年不得超过 2400 元、个人延税型养老金为每年缴费不得超过 12000 元，这些标准可每两年按照通胀水平予以调整；40 岁以上的人群额外给予更多税收优惠额度。

三是增加对保险资金运用的税收优惠。以税收抵免方式对特定保险资金运用行为进行鼓励。如保险资金用于高端制造业投资、绿色投资、社会投资（如就业、平价房、普惠养老机构）等领域，可以将符合规定的投资额从其应纳税额中抵扣。

五、其他举措

加大金融教育力度，提高居民金融保险素养；加强数字技术的应用，发挥数字技术在提高保险产品吸引力、可支付性以及可及性等方面的作用；支持保险公司和中介服务机构向数字化和绿色低碳化转型；进一步探索创新产品开发和推广中政府和市场合作模式等。

附件

保险和共同富裕文献综述 [①]

一、保险和共同富裕关系

邱晓华等（2022）认为，可以从两个方面分析保险和共同富裕的关系。一是保险与"做大蛋糕"的关系，即保险是否促进效率提升和生产。二是保险与"分配蛋糕"的关系，即保险是否减少分配过程中存在的不平等。

首先是在"做大蛋糕"上。一般认为，宏观上，保险对经济增长有促进作用。2008年世界银行经济学家Arena在研究了56个国家后指出，保险对经济增长有促进作用。在发达国家，寿险对经济的刺激作用较非寿险更明显；在发展中国家，非寿险和寿险效果类似。Arena的研究引发了广泛讨论。Weisbart（2018）使用不同国家在不同时间段的数据样本验证了Arena的结论，并进一步指出了保险促进经济增长的三条渠道：一是通过帮助处理紧急情况、平滑风险维护经济安全；二是协助社会治理，维护经济稳定；三是提供资金，鼓励创新促进经济发展。在我国，保险对"做大蛋糕"的正面作用主要体现在通过风险管理、生活保障、长期投资等方式，促进经济高质量发展，夯实共同富裕的物质基础上（邱晓华等，2022；李鸿敏和刘云婷，2022）。

但是当信息不对称等因素导致市场失灵时，保险可能会降低效率，阻碍发展。Atkeson（1995）通过建立理论模型，指出由于存在逆向选择，工作意愿较低的人可能更多地参与失业保险；由于存在道德风险，失业保险会降低人们寻找工作的动力。Acemoglu和Shimer（1999）则拓展了上述模

[①] 本文夹注对应的参考文献，见本书最后部分。——编者注

型，认为失业保险可能鼓励人们选择那些薪酬和失业风险更高的工作，而这样的选择往往不是社会最优的。林莞娟等（2014）则从制度经济学的角度研究了上述问题。她们通过理论模型和实证分析发现，引入正式的保险可能挤出原本存在的非正式保险制度。而由于非正式保险制度可以通过社交网络和软信息更好地消除信息不对称等问题，其被挤出后，人们的福利反而会受到负面影响。故引入正式保险不一定是帕累托最优的。

其次是在"分配蛋糕"上。风险社会理论认为，保险可以降低分配过程中的不平等。Beck（1986）指出，工业社会的核心问题之一是如何解决财富分布和风险分布不一致的情况。财富往往集聚于顶端而风险集聚于底层。保险通过调节财富分配或进行风险分担缓解了财富和风险分布间的差异，帮助解决了不平等问题（李怀瑞等，2020）。

实证上，有很多学者尝试验证保险缓解"蛋糕分配"中不平等的作用。其中针对其他国家的研究包括，Ervik（1998）发现美国基尼系数下降的过程中，社会保险的贡献高达40%以上。Jesuit和Mahler（2004）根据卢森堡微观收入数据库（LIS）数据对13个发达国家1980—2000年的财政再分配进行对比研究后发现，发达国家保险调节收入分配差距的作用要大于税收。作为高福利国家的瑞典，保险调节收入分配所起的作用高达80%以上，而税收所起的作用只占10%左右。刘乐山（2008）发现日本的保险制度对调节收入分配差距发挥了关键作用，经过保险调节后的基尼系数大体上比再分配前的基尼系数低0.02~0.07。Conde-Ruiz和Profeta（2007）发现2004年英国再次分配后，基尼系数由0.52下降到0.38，下降了14个百分点。

也有很多学者对中国进行了实证研究。依研究对象，可划分为以下几类。一是针对保险总体作用的研究。宁光杰等（2016）的研究发现来源稳定、具备风险补偿功能的保险和保险性收入有助于降低转型期中国居民财产性收入的不平等。数量分析的结果显示，保险性收入每增加 1%，财产性收入基尼系数减少 0.005%。二是针对社会保险的研究。王延中等（2016）通过对中国社科院课题组 2012 年进行的城乡居民入户调查研究发现，保险特别是社会保险可以很好地减弱不平等。特别地，相比农村居民，保险减弱不平等的作用对城市居民更明显。不同类别保险对不平等的减弱作用存在差异，养老保险作用最大，医疗保险效果次之，随后是生育、工伤和失业保险。三是针对养老保险的研究。何立新（2007）利用国家统计局 2002 年的城市住户调查数据，发现养老保险制度有助于消除代际不平等。四是针对医疗保险的研究。吴成丕（2003）的研究发现，引入医疗保险改革改善了收入不平等，但是效果与被保险人的风险厌恶程度有关。

也有学者认为，在某些情况下，保险可能会扩大不平等。一是政府对不同区域、类型的被保险人补贴力度不同。罗向明等（2011）和张伟等（2021）针对我国农业保险的研究发现，受各区域经济发展水平的制约，农业保险补贴力度存在明显的地区差异。农业保险确实有助于消除区域内农业发展的不平衡，但是会增大区域间的不平等程度。二是保险人对某些类型的被保险人存在系统性歧视。李红坤和祁永正（2022）发现保险业对民营企业存在系统性的排斥，这可能是造成民营企业和国有企业发展存在差距的原因。三是不同类型的被保险人存在较大的禀赋差异，导致保险服务对其的可获得性差异较大。解垩（2009）以及李永友和郑春荣（2016）分别利用中国健康与营养调查（CHNS）数据和宏观数据研究了我国的医疗保险，发现由于我国医疗资源分布不均衡，医疗保险可能会加大不同区域间群众在医疗、健康上的不平等。四是某些保险产品风险保障属性较弱，投资属性较强。国际保险研究协会 2020 年的研究认为，某些保险，如分红险本质上是投资工具，提供的保障功能相对有限。这种类型的保险产品可能会加剧贫富分化。

二、现阶段我国保险在促进共同富裕上发挥的作用

现阶段我国保险在促进共同富裕上发挥的作用主要体现在以下方面。

一是作为转移支付手段上，邱晓华等（2022）根据《中国统计年鉴》中2019年的资金流量表（非金融交易）数据进行计算，发现社会保险缴款、社会保险福利和社会补助分别占全社会初次分配总收入的6.5%、5.5%和1.7%；住户部门的可支配总收入中，来源于社会保险福利和社会补助的部分分别为9.1%和2.7%，合计为11.8%。

二是农业保险上，据瑞士再保险研究院发布的西格玛研究报告，在政策补贴的支持下，我国农业保险市场自2010年以来年均复合增长率高达20%，比财产险业务合计增速高一倍，是财产险市场的主要驱动力之一。李鸿敏和刘云婷（2022）则主要关注我国共同富裕先行示范区浙江省的情况，2021年浙江辖内农业保险的保障金额达到414.4亿元，同比增长8.5%，累计支出保险赔款10.3亿元，同比增长45.8%。对于特色农产品，保险公司在积极调研了解农民服务需求的基础上，在相关部门政策支持下，开展特色农业保险试点，比如，台州市枇杷保险、枇杷低温气象指数保险、甘蔗气旋风力指数保险等。其中枇杷低温气象指数保险平均保费300元/亩，财政补贴80%，农户自付20%；黄岩区勐海县开展了首个区外政策性大棚西瓜种植保险试点，试点面积一万亩，保费财政补贴50%，首创实现跨省补贴、异地共保；对于农业操作人员也开展农业雇主责任险试点。

三是医疗保险上，党的十八大以来，全国基本医疗保险参保人数从5.4亿人增长至13.6亿人。邱晓华等（2022）的研究首先梳理了我国医疗保险制度建立的过程，2012年我国开始建立重特大疾病保障和救助制度，2013年开始整合城乡居民基本医疗保险制度。由于保障范围的扩大及保

障水平的提高，我国城市和农村居民的住院意愿均有提升。根据《中国卫生健康统计年鉴》，2008—2018 年，城市居民住院率提升 5.8 个百分点至 12.9%，农村居民住院率提升 7.9 个百分点至 14.7%，提升幅度高于城市居民。

特别是在针对贫困人口的医疗保险体系上，根据国家医疗保障局的数据，我国贫困人口参保率稳定在 99.9% 以上，在提升参保率的同时，医疗保障制度中的大病补充医疗保险和医疗救助均对贫困人口实施了倾斜性补偿政策。我国全面取消建档立卡贫困人口的大病保险封顶线，贫困人口大病保险起付线较普通居民降低 50%，报销比例提高 5 个百分点。根据中国人口与发展研究中心全国防止因病返贫动态监测系统的数据，贫困人口医疗费用的自付比例明显下降，重点疾病患者自付比例由 2016 年的 15%~80%，收窄至 2018 年的 6%~22%，截至 2019 年上半年，贫困患者医疗费人均自付比例控制在 10% 左右。

四是大病保险上，2012 年 8 月国家六部门联合印发《关于开展城乡居民大病保险工作的指导意见》，提出在基本医疗保障基础上建立城乡居民大病保险制度。通过 2012 年先行试点、2015 年全面实施，我国已经建立起了统一的覆盖全国城乡居民的大病保险制度，连同基本医疗保险、医疗救助一起构成了三重医疗保障。这种多层次医保体系 2021 年累计惠及城乡低收入人口就医 1.23 亿人次，减轻医疗费用负担 1224.1 亿元，对于缓解大病患者医疗经济负担发挥了重要作用。

经过近 10 年的发展，大病保险制度已覆盖 12.2 亿城乡居民，累计赔付 5535.88 万人，全国大病患者实际报销比例在基本医保基础上平均提升了 10 个百分点至 15 个百分点，单人最高报销金额 111.6 万元，有力缓解了因病致贫、因病返贫问题，有效防止家庭灾难性医疗支出现象发生，城乡居民医疗保障发挥了防贫减贫的重要作用。截至 2020 年底，累计资助贫困人口参保 2.3 亿人次，资助参保累计支出超过 360 亿元，建档立卡贫困人口参保率持续稳定在 99.9% 以上，基本实现应保尽保。为巩固拓展脱贫攻坚成果，国家根据脱贫人口实际困难，进一步优化调整了脱贫人口医保分类资助参保政策，继续对特困人员给予全额资助，对低保对象给予定额资助，对脱贫不稳定且纳入相关部门农村低收入人口监测范围的人群，过渡期内可根据实际享受一定期限的定额资助政策，从而确保大病保险扶贫相关特惠政策的持续精准。2017 年 4 月，原国家卫计委、财政部推动大病保险发展，助推共同富裕。大病保险制度在解决绝对贫困脱贫攻坚实践中发挥了重要作用，但在政策执行过程中也存在定位不清、原则把握不明、分类保障不科学等问题。要求将贫困人口大病保险起付线降低 50%，实现农村贫困人口大病实际报销比例提高到 90% 以上，2019 年进一步全面取消贫困人口大病保险封顶线，2021 年继续坚持大病保险对特困人员、低保对象和返贫致贫人口实施倾斜支付，精准聚焦了贫困患者需求，靶向提高了保障水平，较好发挥了大病保险助力巩固拓展脱贫攻坚成果的作用。

在相关政策支持下，大病保险制度有效减轻了农村贫困人口看病就医费用负担，异地直接结算系统的完善减少了群众跑腿垫资的麻烦，农村参保贫困群众获得感、幸福感和安全感不断增强。截至 2020 年底，各项医保扶贫政策累计惠及贫困人口就医 5.3 亿人次，帮助减轻医疗负担超过 3600 亿元，助力近 1000 万户因病致贫群众精准脱贫，有效缓解了城乡居民因病致贫、因病返贫问题。

五是养老保险上，党的十八大以来，基本养老保险参保人数从 7.9 亿人增长至 10.3 亿人，据李鸿敏和刘云婷（2022）提供的数据，以浙江省为例，养老金规模达到 133.3 亿元，承保 1184.9 万人次，均居全国首位，并发展长期护理险，为失能老人提供照护服务。另外浙江省六家保险公司开展了专属商业养老保险服务，为新产业、新业态从业人员和灵活就业人员提供了专属养老保险保障。

六是长期护理保险上，我国自 2016 年开展针对失能老人的长期护理保险试点以来，试点城市已从最初的 15 个拓展到目前的 49 个。截至 2021 年上半年，长护险参保人数达到 1.34 亿人，较 2018 年的 4647 万人大幅提升了近两倍。

七是科创保险上，浙江人保机构联合 7 家银行推出了"创新保"专属保险，主要是针对科技研发、生产企业或者是科研机构。对保险责任范围内研发失败的企业或者是科研机构按照约定进行赔偿，最高保险金额为 300 万元。

第四章

建设促进共同富裕的信托业

共同富裕目标赋予了信托业更高的历史使命。信托是我国金融系统的重要组成部分，作为重要的财产转移和财产管理制度，信托业应以回归金融本源业务为初心，充分发挥独特的制度优势，在高质量发展中切实服务实体经济和社会民生，为实现共同富裕贡献行业力量。本章从信托公司在共同富裕社会建设中的角色出发，详细剖析了信托公司在助力经济高质量发展（做大"蛋糕"），助力收入分配（分好"蛋糕"）、社会生态建设以及金融稳定中的具体作用，全面阐释了新发展阶段信托公司助力实现共同富裕的模式和路径，为全社会其他行业助力实现共同富裕目标提供借鉴。

第一节　信托业促进共同富裕的机理分析

一、共同富裕目标对信托业的时代要求

当今世界正处于百年未有之大变局，国际局势纷繁复杂，不确定性日益加深。共同富裕目标的提出，也对新发展阶段信托业的转型与发展提出了更高要求。信托业应从以下几个方面做好相应的工作。

一是践行金融工作的政治性、人民性原则。金融安全是国家安全的重要组成部分。信托业要恪守立业初心，将金融工作的政治性、人民性作为根本遵循，牢记信托业的历史使命，坚定回归信托本源，始终将自身转型与发展置身于经济社会发展的历史大局中，为中国式现代化贡献行业力量。

二是为高质量发展阶段的实体经济提供资金支持。共同富裕是以经济高质量发展为前提的共同富裕。在高质量发展中促进共同富裕，市场将形成大量资金需求，信托公司要加快回归金融本源，充分发挥资金融通作用，切实提升服务实体经济质效。作为横跨资本市场、信贷市场和实体经济的金融机构，信托公司要充分发挥跨市场、多工具、跨领域的特性，灵活运用股权投资、债权融资、标品投资、资产证券化等多种方式，为实体经济提供长期、低成本、高附加值的资金支持。

三是在财富管理过程中满足不断提升的普惠性需求。在逐步实现共同富裕的过程中，随着经济高质量发展的推进，中等收入群体将持续壮大，居民收入渠道和资产类型也更加多元、丰富。财富管理发展的新趋势、新特征意味着市场需要更加普惠性的财富管理服务。信托公司需要积极转变

服务理念，进一步夯实受托人定位根基，由为富裕、高净值人群服务转变为提供更多具有普惠性、全民性的金融服务，更好满足人民对美好生活的期待。

四是主动发挥社会治理的"有效市场"力量。推动共同富裕不仅需要"有为政府"，也需要"有效市场"。通过发挥市场的力量稳步提升社会治理水平，助力和谐社会构建。信托公司要充分运用制度优势，作为市场化主体积极参与社会治理，在弱势群体保护、预付金监管、社区物业管理等方面发挥作用，为共同富裕添砖加瓦。

五是借助慈善信托助力公益慈善发展。近年来，在政策引领下，慈善信托作为信托业参与社会公益慈善事业的重要方式，在助力脱贫攻坚和服务人民美好生活方面发挥了重要作用。自 2016 年《中华人民共和国慈善法》实施以来，慈善信托备案数量持续增加，规模不断增长。随着共同富裕目标的稳步推进、慈善信托制度体系不断完善，高收入人群和企业的公益慈善意愿将被极大激发，慈善信托将成为助力三次分配、促进共同富裕的重要工具。

六是为防范化解金融风险提供支持。防范化解金融风险是金融工作的永恒主题。信托业要回归本源、加快战略转型，以规范方式发挥信托制度优势和行业竞争优势，提升服务实体经济质效，以此助力防范和化解金融风险。

二、新三分类规定为新发展阶段信托助力
共同富裕提供了行动指南

2023 年 3 月 20 日，原银保监会出台《关于规范信托公司信托业务分类的通知》（以下简称新三分类规定），将信托业务分为资产服务信托、资

产管理信托和公益慈善信托三大类 25 个业务品种，要求信托公司按照信托业务新分类标准，进一步厘清信托业务边界和服务内涵，明确发展战略和转型方向，立足信托本源业务重塑发展模式。新三分类对信托业转型与发展提出了新的、更高的要求，也为新发展阶段信托业助力共同富裕提供了行动指南。

一是资产服务信托聚焦受托服务定位，为社会民生提供高质量、全方位的信托服务。资产服务信托作为信托的本源业务，强调信托的受托人定位，最能彰显信托的独特价值。在新三分类监管背景下，积极探索、全力发展资产服务信托成为信托行业的普遍共识。资产服务信托具有涉众性、普惠性的特点，信托公司应积极践行"受托服务+"的理念，结合自身禀赋优势，重点发展财富管理服务信托业务，进一步做大家族信托、资产证券化等成熟业务，不断探索行政管理服务信托、风险处置服务信托等创新型业务。通过受托服务切入业务场景，不断扩展业务内涵与外延，提高服务效能，为信托客户创造更多价值。

二是资产管理信托进行标品资管转型，发挥资金融通作用，提高服务实体经济质效。新三分类明确将资产管理信托定位为私募，信托公司必须根据自身资源禀赋走差异化、特色化道路。规范资产管理信托业务发展，就是鼓励信托公司由非标业务向符合信托本源特征的标品信托业务转型。信托公司不能简单模仿理财子公司、公募基金与券商资管等资管机构，而应发挥信托牌照独特优势，打造具有信托特色的资产管理业务。信托公司通过非公开发行固定收益类信托计划、权益类信托计划、商品及金融衍生品类信托计划、混合类信托计划等产品，参与投资股票、债券、REITs 等标准化产品，促进资本市场发展，服务实体经济高质量发展。

三是公益慈善信托彰显金融向善之"力"，为助力共同富裕、建设和谐社会贡献行业力量。新三分类将公益慈善信托业务单列，确立了公益慈善信托在信托公司新发展阶段展业领域的重要地位。在新三分类监管背景下，信托公司应不断完善公益慈善信托的业务模式和盈利机制，打造公益慈善品牌，使之实现可持续发展，助力共同富裕。

信托业务分类改革，是信托业践行金融工作政治性、人民性要求的重要体现，为信托行业高质量发展提供了方向。信托业要以新三分类为指引，发挥制度优势和行业竞争优势，在实现自身可持续、高质量发展的同时，服务实体经济高质量发展和人民美好生活，从而为中国式现代化建设做出贡献。

三、信托业促进共同富裕的机制

世界各国经济和金融发展的实践证明，金融结构的发展和演变是有规律可循的。其一般趋势及规律是：金融结构随着经济的发展逐渐由简单向复杂、由低级向高级演进；金融结构的构成要素逐渐增加，金融结构日益多元化，金融工具结构日趋复杂，金融对实体经济发展的促进作用不断提升。

按照罗伯特·C.默顿和兹维·博迪等人提出的金融功能观，金融具有集聚和分配资源、转移资源、管理风险、提供信息、解决激励问题、金融支付和清算六大基本功能。基于信托业视角进行功能分析，除了金融支付和清算功能之外，信托业具备其余五大金融功能，因此综合来看，信托业功能从属于金融功能范畴。

信托的内在优势决定了信托业功能独具特色并自成体系。结合我国共同富裕的内在要求，信托业发展促进共同富裕的机制大体可以分为四类（见图4-1）。当然，这四类机制并非泾渭分明，而是相互关联的。

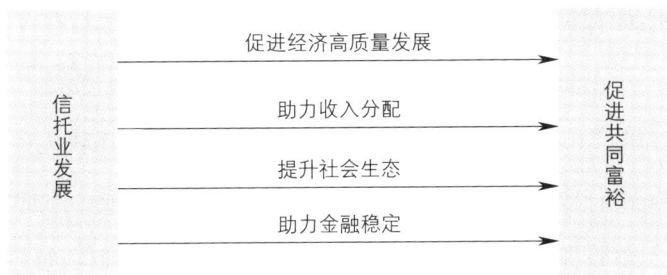

图 4-1 信托业促进共同富裕的四类机制

资料来源：作者自制。

（一）信托业对经济高质量发展的影响

共同富裕中"富裕"指的是，人均收入要提高到一定的水平，即做大"蛋糕"。做大"蛋糕"是实现共同富裕的前提基础。在做大"蛋糕"方面，信托业可以为经济社会发展提供资金支持，助力经济增长、结构升级和可持续增长，从而实现经济高质量发展。

一是信托业作为服务实体经济发展的重要金融部门，充分发挥金融优化资源配置功能，促进经济增长。首先，信托业通过发挥资金融通功能，将分散的社会资金转化为投资，为经济增长提供资本要素动力。信托公司通过创设各种形式信托产品，吸收社会闲散资金，满足实体经济多样化、全方位的资金需求，为经济增长提供长期、低成本资金支持。其次，信托业通过运用独特的制度优势，有效降低服务实体经济成本，促进经济增长。一方面，信托公司通过充分发挥风险管理功能，重构风险与收益，有效降低服务实体经济的交易成本和信息成本，从而促进经济增长。另一方面，信托公司通过资产证券化等方式有效降低实体企业融资成本，提高服务实体经济有效性，进而推动经济稳步增长。最后，信托业作为金融体系的有机组成部分，充分发挥金融中介优化配置资源的功能，促进技术进步，推动社会生产率的有效提高。经济增长理论表明，技术创新对经济增长具有重要作用。以银行机构为主导的金融体系在风险承担和风险识别上存在先天不足，导致我国银行业金融机构对科技产业支持不够，制约经济增长。信托公司发挥资金运用方式灵活的比较优势，通过合理的资金配置有效分散风险，为科创企业提供针对性强、附加值高的全生命周期金融服务，助力科创企业不断发展，最终起到促进经济增长的作用。

二是信托业不断发挥产业升级孵化器功能，推动经济结构不断优化升级。推动经济高质量发展，要把重点放在推动产业结构转型升级上，把实体经济做实做强做优。信托业坚决贯彻中央对金融工作的基本要求，不断完善自身对经济结构调整和转型升级的支持作用。首先，信托公司通过开展股权投资、并购重组等方式加大对战略性新兴产业的支持力度，有效推动战略性新兴产业的发展，从而助力我国产业结构不断优化升级。其次，信托业始终以服务国家区域发展战略为发展遵循，不断加大对京津冀协同发展、长江经济带发展、粤港澳大湾区建设等国家区域重大战略的支持力度，助力区域结构优化。最后，信托业不断创新服务民营、小微企业的体制机制，综合运用多元金融工具，强化科技赋能，有效破解融资难、融资贵难题，切实满足民营、小微企业发展过程中的资金需求。

三是信托业积极支持培育经济新动能，助力经济可持续发展。一方面，信托业坚持以高质量发展为准绳，与中央深化金融供给侧改革的要求相结合，以牢牢守住服务实体经济发展为本源定位，坚决杜绝对产能过剩行业的资金支持。另一方面，信托业贯彻落实绿色发展的要求，积极开展绿色信托业务，推动经济发展全面绿色低碳转型，助力经济健康、可持续发展。

（二）信托业对收入分配的影响

"共同富裕"是要让全体人民平等享有发展成果，核心是分好"蛋糕"。分好"蛋糕"是实现共同富裕的必要途径。共同富裕不是少数人富裕，也不是同等富裕。

初次分配是基础。在初次分配阶段，市场发挥着决定性作用。信托是一种独特的法律制度安排，在初次分配阶段，信托公司可通过信托理财产品、员工持股计划拓宽居民收入渠道。例如，在监管引领下，信托公司通过加快战略转型，提高主动管理能力，为投资者创造社会财富。同时信托公司可通过知识产权保护激发社会创新活力、助力科技创新发展。通过发挥信托制度优势，助力社会财富"蛋糕"做大，夯实共同富裕基础。

二次分配是关键。二次分配是指在初次分配的基础上，由政府对要素收入进行再次调节的过程。通过二次分配，缩小收入差距，促进分好"蛋糕"。对于信托公司来说，在二次分配阶段，可发挥信托制度优势，完善信托服务模式，更好助力二次分配。一是信托公司可通过提高主动管理能力，参与政府主导的个人养老金、企业年金的市场化管理运作，促进其保值增值，完善社保服务体系。二是人口老龄化背景下，信托公司可积极发展契合老年客户需求的养老信托业务，助力养老体系第三支柱建设，为推动共同富裕提供信托特色赋能。三是依托基础设施建设和投资领域积累的有益经验，通过股权投资、资产证券化、不动产投资信托基金（REITs）等多种方式促进保障性住房建设，解决中低收入群体住房问题，维护社会稳定，夯实共同富裕社会基础。

三次分配是辅助。在三次分配阶段，可借助慈善信托优势，提高资金使用效率，提升三次分配层次，促进共同富裕建设。信托公司可以提高专业能力，提升主动管理能力，为高净值人士提供完善的慈善方案，扩大慈善财产来源，促进保值增值，加大对弱势群体帮扶力度，更好履行社会责任。

（三）信托业对社会生态的影响

中国式现代化是全体人民共同富裕的现代化，要实现共同富裕目标，不仅要做大"蛋糕"、分好"蛋糕"，还需要加快推动和谐社会建设，为实现共同富裕目标创造适宜的外部环境。《中共中央 国务院关于支持浙江高质量发展建设共同富裕示范区的意见》将共同富裕界定为"生活富裕富足，精神自信自强，环境宜居宜业，社会和谐和睦，公共服务普及普惠"。共同富裕是一项长期、系统的工程，不仅体现在物质层面上，还要体现在精神层面上，是人民群众物质生活和精神生活双富裕。因而，推动完善环境、社会、公共服务等社会生态建设，也是实现共同富裕的应有之义。目前，现代信托作为集资金融通、财产管理、风险隔离等各个功能于一体的法律制度安排，可充分借鉴美国、日本等发达国家信托业在社会治理中的有益经验，为我国共同富裕的社会生态建设发挥积极作用。

（四）信托业对金融稳定的影响

作为金融体系重要组成部分，信托业在资金融通、资源配置、风险管理等方面发挥了积极作用。近年来，我国信托业不断深化金融供给侧结构性改革，坚决避免"脱实向虚"，不断提高服务实体经济质效，有效化解行业金融风险，极大夯实了共同富裕的金融稳定基础。一方面，近年来，信托业按照监管要求，持续压降融资类和通道类业务，行业高风险业务的风险暴露得到了有效控制。同时，监管机构推动新时代信托、新华信托等高风险机构的风险化解处置工作取得积极进展，有效防范金融风险。目前，绝大部分信托公司经营规范稳健，行业整体抗风险能力得到显著提升，为实现共同富裕奠定了基础。另一方面，信托能强化风险隔离功能，有效缓释金融风险。风险隔离功能是信托区别于其他金融机构独有的功能。信托财产的独立性，使信托财产的处置权、收益权与所有权分离，实现信托财产与信托当事人自身风险的有效隔离。总之，通过有效化解信托行业金融风险，并通过信托制度强化风险隔离功能，可更大限度地保护金融财产，夯实了共同富裕的金融基础。

第二节　信托业促进共同富裕的成效及问题

信托业凭借独特的制度优势和行业使命，在服务共同富裕目标上取得了积极成效。在监管政策引领下，信托业促进共同富裕的政策体系也不断完善，但在实践中仍存在一些难点，制约信托业服务共同富裕的有效性。

一、信托业促进共同富裕取得积极成效

（一）服务实体经济，促进经济发展——做大"蛋糕"

信托业长期以来服务实体经济，凭借灵活创新的优势整合金融资源，高效地引导社会资本参与经济建设，在支持实体经济和推动产业转型中取得了显著成果。

一是有效发挥资金融通功能，为实体经济提供大量、长期、低成本资金。近年，信托资产规模持续保持在较高水平，为实体经济发展提供了有力支撑。同时，信托业不断创新服务实体经济的有效方式，服务领域基本涵盖了实体经济的各个行业，对满足实体经济发展的资金需求发挥了重要作用。尽管自 2017 年金融强监管以来，信托资产规模有所下降，但各年末的存量均超过 20 万亿元。2022 年底，信托业投向基础产业和工商企业的资金信托余额分别为 1.59 万亿元和 3.91 万亿元，其中投向工商企业的资金占比自 2013 年以来始终居于首位，2019 年、2020 年占比超过 30%，为实体经济发展提供了较大资金支持。

二是不断创新服务实体经济业务模式，助力培育壮大经济增长新动能。信托业不断创新业务模式，顺应经济结构转型和产业升级的国家大局，不断提高服务实体经济发展的质效，助力培育国家经济发展新动能。一方面，信托业发挥制度优势，灵活运用股权投资、投贷联动等业务模式，加大对集成电路、生物医药、人工智能等战略性新兴产业的支持力度，助力培育壮大经济增长新动能。截至 2021 年末，共有 29 家信托公司参与服务战略性新兴产业，直接参与 9 个科创类政府引导基金，合计投入资金 11.05 亿元。另一方面，信托业围绕国家发展战略，深度参与服务京津冀协同发展、长三角一体化发展、粤港澳大湾区建设等国家发展战略及"一带一路"倡议，助力打造拉动经济发展的区域引擎。截至 2021 年末，信托业投向"一带一路"、京津冀协同发展、长三角一体化发展和粤港澳大湾区建设的信托资金分别为 0.84 万亿元、0.82 万亿元、1.29 万亿元和 0.73 万亿元。

三是发展普惠金融，助力民营企业和小微企业成长。信托业着力提升信托业务的普惠性与包容性，持续深化民营企业和小微企业金融服务，为民营企业和小微企业提供全生命周期的金融服务，助其不断成长，助力实现共同富裕目标。截至 2021 年末，45 家信托公司参与服务小微企业，合计服务小微企业 2012.43 万家，投入信托资金 10840.14 亿元。

（二）优化财富分配——分好"蛋糕"

改革开放以来，我国经济发展取得举世瞩目的成就，但收入分配差距问题却没有得到很好的解决。信托业在优化财富分配，促进分好"蛋糕"方面取得重要成效。

一是信托理财、员工持股和知识产权信托夯实了初次分配基础。首先，信托理财服务增加了人们的财产性收入。近年来，信托业加快战略转型，提高专业资产管理能力，通过信托理财产品向投资者分享投资收益，增加了人们的财产性收入。截至 2022 年末，我国信托行业资产规模余额为 21.14 万亿元，较 2021 年增加 5893 亿元，自然人投资者超过 128 万人。其次，员工持股增加人们的股权投资性收入。在员工持股信托模式下，不仅市场主体活力得到有效激发，同时员工可以以股东身份参与利润分配，还能增加员工的股权投资性收入。最后，知识产权信托还助力科技创新。知识产权信托将知识产权与信托制度相结合，运用股权、债券、投贷联动等方式，盘活中小企业知识产权，加快知识产权的应用和转化，缓解中小企业融资难、融资贵等难题。

二是养老信托、保险金信托快速发展助力二次分配。社会财富二次分配的方式有税收、社会保障、转移支付等。政府通过改善公共服务，也能提升二次分配的公平性。医疗、住房、养老等领域的服务改善，可以让社会大众以合理的支出享受相关服务，优化社会财富的二次分配，信托在这些方面大有用武之地。一方面，养老信托取得积极成效。人口老龄化加速给我国养老信托提供了发展空间。我国已步入老龄社会，截至 2022 年底，全国 60 周岁及以上老年人口 28004 万人，占总人口的 19.8%[①]。目前，我国养老信托取得积极成效。一方面，在国家的大力推动和政府的严格管理下，通过充分吸收借鉴国外养老信托发展的经验，我国的养老信托行业监督管理不断完善，有力支持我国的养老信托发展。另一方面，行业运作逐渐规范科学，没有出现国外最开始建设养老信托时的混乱局面。另一方面，保险金信托发展迅速。保险金信托是将保险与信托两种财富管理工具相结合的创新财富管理安排，兼具保险与信托制度的双重功能优势，可以有效满足高净值客户的财富保护、传承和管理需求。自 2014 年国内落

---

① 数据来源于《2022 年民政事业发展统计公报》。

地设立第一单保险金信托业务以来，保险金信托快速发展，总体规模扩张迅速。中国信登数据显示，截至 2023 年 1 月，全国新增保险金信托规模 89.74 亿元，环比增长 67.05%，规模为近 11 个月新高。

三是慈善信托快速发展助力三次分配。作为第三次分配重要形式的慈善信托，凭借其独特的制度优势，在收入分配调节中发挥重要作用，促进共同富裕的整体进程。自 2016 年《中华人民共和国慈善法》实施后，我国慈善信托取得了巨大的进步。根据中国慈善联合会与中国信托业协会联合发布的《2022 年中国慈善信托发展报告》，截至 2022 年底，慈善信托累计备案数量达到 1184 单，累计备案规模达到 51.66 亿元。其中，2022 年新备案 392 单，规模 11.40 亿元，新备案规模较 2021 年增加 4.93 亿元，增幅达到 76.20%。

（三）推动社会建设

近年来，信托业充分发挥信托金融工具优势，积极探索与不同载体和对象有机结合，推动社会生态建设行稳致远，满足人民美好生活需要，为扎实实现共同富裕目标提供有力保障。一方面，信托业创新资产服务信托模式，逐步提升"服务 +"能力，积极探索信托制度在预付资金管理、担保品管理处置、社区物业管理、弱势群体保护等场景中的应用，保障并改善社会民生，有效化解社会矛盾，提高社会治理水平，从而更好满足人民群众对美好生活需要。另一方面，信托业积极践行"绿水青山就是金山银山"的绿色发展理念，大力支持"绿色""双碳"转型发展，多家信托公司将绿色信托作为重要战略方向。截至 2022 年末，信托业存续绿色信托项目 728 个，规模达到 3133.95 亿元①。从环境效益来看，2021 年底，绿

---

① 数据来源于中国信托业协会。

色信托项目累计减排二氧化碳、减排二氧化硫、节约标准煤和节约用水分别为 1706.34 万吨、10.56 万吨、578.41 万吨和 1.46 亿吨。此外，信托业绿色信托业务不断丰富，其中绿色信贷和绿色资产证券化规模分别达到 1351.33 亿元和 909.47 亿元。

（四）防范风险：风险化解稳定器

一是通道业务和融资类业务大幅压降，风险得到有效控制。2018 年强监管以来，按照资管新规的要求，信托行业积极配合压降涉及多层嵌套、监管套利及杠杆超标的通道业务。截至 2022 年末，信托通道业务余额 8485 亿元，比历史峰值压降 95%。自 2020 年开始，在监管部门引领下，信托业按照要求压缩融资类信托业务。目前，融资类信托业务余额已经从 2020 年 6 月末最高时的 6.45 万亿元压缩到 2022 年底的 3.08 万亿元，比历史峰值压降 52%。融资类信托资产余额占比从最高时的 63.78%，下降至 2022 年底的 14.55%，行业风险得到有效控制。

二是房地产信托业务不断规范。受房住不炒、规范房地产融资等政策影响，房地产信托业务规模占比不断下降。房地产信托业务规模由 2019 年二季度最高峰时的 2.93 万亿元，降至 2023 年二季度的 1.05 万亿元。房地产资金信托余额占比从 2011 年三季度最高时的 17.24%，下降至 2023 年二季度的 6.68%。

三是非标转标成效显著。信托业资产配置由非标类资产向标准化资产转移趋势明显，非标转标成效显著。信托业投向债券市场的资金信托余额近年大幅增长，从 2018 年底的 1.42 万亿元快速增长至 2022 年 6 月底的 4.04 万亿元，增长了 184.51%，投向债券市场的资金信托余额占比从 7.50% 增长至 25.73%。

二、信托业促进共同富裕的现有思路和政策体系

在金融供给侧改革、资管新规、新三分类等引领下，信托业转型取得一定成效。全体人民共同富裕的现代化使命赋予信托业更高的时代要求。信托公司亟须进一步加快战略重构，夯实发展基础，在共同富裕的历史使命中发挥信托应有的作用。

（一）契合金融供给侧结构性改革，切实服务实体经济

金融服务实体经济本源，是新发展阶段金融工作的基本要求。信托业以传统非标和通道业务为主的模式难以为继，要在竞争激烈的资管格局中实现可持续发展，必须以金融供给侧结构性改革为指引，发挥信托制度优势，强化公司治理，转换经营机制，切实提升金融服务实体经济的适配性，适应经济高质量发展需要，助力共同富裕实现。信托公司要始终以金融供给侧结构性改革为展业遵循，一方面利用信托灵活性、创新性的特性，积极探索服务实体经济的业务模式，加大创新力度，为市场主体提供全方位的金融服务，为经济高质量发展提供长期动力。另一方面，信托公司要找准自身在金融体系中的功能定位，进一步夯实受托人制度，调整业务结构，将居民储蓄转化为资本市场发展的源头活水。

（二）资管新规出台，明确财富管理方向

资管新规出台后，财富管理是信托公司战略转型的重要方向。中国经济持续发展、居民财富不断增长、中产阶级不断扩大等为财富管理机构的发展提供了市场基础。共同富裕目标为信托公司财富管理业务转型与发展提供了新的方向指引。信托业要以监管政策引领为导向，主动识变求变，

积极培育财富管理业务作为战略性业务，走具有信托特色的财富管理之路，更好地助力共同富裕目标的实现。

一是要秉持"守正、忠实、专业"的理念，不断夯实受托人定位基础，适应实体经济及人民群众对财富管理服务提出的新要求，不断满足人民群众对美好生活的向往。二是要创新财富管理产品与服务，做专业财富管理者。信托公司要以客户需求为中心，不断丰富产品与服务，提高财富管理服务专业能力，更好满足客户财富管理需求。三是要积极践行普惠金融理念，有效提升居民收入水平。信托公司要摒弃"嫌贫爱富"的发展模式，积极践行普惠金融，不断创新金融产品、服务，并加快财富管理数字化转型步伐，推动财富管理下沉，促进广大中低收入群体财产性收入的增加，体现信托业在共同富裕背景下的责任与担当。

（三）新三分类，大力发展资产服务信托和公益慈善信托

为厘清各类信托业务的边界和服务内涵，引导信托公司以规范方式发挥信托制度优势，丰富信托本源业务供给，推动信托业走高质量发展之路，助力全面建设社会主义现代化国家，2023 年 3 月 20 日，原银保监会发布了《关于规范信托公司信托业务分类的通知》，即新三分类。新三分类突出了资产服务信托尤其是财富管理服务信托的地位。在新三分类下的资产服务信托、资产管理信托和公益慈善信托中，资产服务信托强调信托的受托人定位，是信托的本源业务。相比 2022 年公布的征求意见稿，新三分类将资产服务信托从大分类的第 2 位提升至第 1 位，同时将财富管理服务信托从资产服务信托的第 3 位提升至第 1 位，表明在当前信托业务回归服务实体经济本源的大背景下，监管政策鼓励信托业积极做大资产服务信托。同时，新三分类将公益慈善信托单独作为一类，体现了在共同富裕背景下，政策引导大力发展公益慈善信托，为实现信托业支持共同富裕提供了制度化通道。总之，

新三分类为信托业转型发展指出了方向，对促进信托业务回归服务本源，实现差异化、可持续发展，促进共同富裕具有重大意义。

三、信托业促进共同富裕实践中存在的不足之处

在助力实现共同富裕过程中，新三分类下的资产管理信托、资产服务信托和公益慈善信托均能发挥独特作用，但仍存在一些问题，制约着信托服务人民美好生活、助力共同富裕目标的实现。

第一，受托人文化建设仍需完善。回归受托人定位，加快培育信托文化，是新发展阶段信托业提高服务实体经济质效、满足人民群众对美好生活向往、促进共同富裕实现的历史使命。但当前我国信托业受托人文化建设仍面临不少问题。一是受托人定位仍有偏离。信托公司虽然认可受托人文化，但实际展业过程中由于对受托人文化理解不深或过于重视短期经济利益，有时会偏离"受人之托、代人理财"的制度定位。二是未完全践行勤勉尽责的受托人职责。我国信托法明确规定："受托人管理信托财产，必须恪尽职守，履行诚实、信用、谨慎、有效管理的义务"。但部分信托公司在受托履职管理过程中存在诸如理财产品推介夸大收益淡化风险、信息披露不完全等现象，损害委托人利益。三是受托人履职所需专业管理能力仍需加强。信托业非标转标取得一定进展，但与基金公司、理财子公司等资管机构相比，投研体系方面存在较大短板，专业能力亟须提高，这些都制约信托公司更好地履行受托人职责。

第二，慈善信托相关制度有待完善。一方面，慈善制度仍然不健全。2016年颁布的《中华人民共和国慈善法》中对慈善事业的规定不够具体详细，导致其在慈善实践中可操作性有所欠缺。同时，《中华人民共和国慈善法》中的多条原则缺乏有效的配套政策支持，故在实践中并未完全达到

预期的效果。另一方面，慈善信托税收制度有待完善。慈善信托税收优惠制度的不健全，制约了慈善信托在第三次分配中的积极作用。目前，慈善信托仍然无法像慈善基金会一样为资金委托人开具"公益性捐赠票据"，从而导致资金委托人无法享受税收优惠，这在很大程度上阻碍了慈善信托的发展。

第三，信托财产登记制度有待完善。2016 年成立的中国信托登记有限公司，主要定位于对信托产品进行登记。但目前我国仍未建立完善的信托财产登记制度。实践中，以房产、股权、知识产权等非货币性资产设立信托仍然存在一定困难，这不仅阻碍了慈善信托乃至整个信托业的发展，而且阻碍了房产、股权、知识产权等非货币性资产的非交易过户。根据目前相关法律制度的规定，委托人将非货币性资产进行交易过户，会产生较多额外的税收，这限制了委托人设立信托的积极性，不利于共同富裕的有效推进。

第四，信托业务普惠性仍需提升。普惠是金融助力共同富裕的重要方式，但信托普惠化仍然存在一些难点。一是信托为私募属性，主要面向高净值人士，投资门槛较高，覆盖客户范围受限，普惠化不足。二是当前信托公司在特殊需要信托、遗嘱信托、养老信托、预付式资金服务信托等领域开展的普惠尝试，仍处于发展初级阶段，服务效率和服务质量仍有较大提升空间。三是金融科技的运用能降低信托普惠服务成本、提高服务效率、拓展信托普惠服务场景，但在信息安全、风险控制等方面仍存在一系列问题。

第三节　新三分类下信托业
支持共同富裕的路径选择

资管新规、信托业务新三分类的实施，厘清了信托的业务边界和服务内涵。在新的发展阶段，信托公司要抓住历史机遇，立足受托人定位，回归信托本源，充分发挥信托制度优势，探索并不断完善信托业服务共同富裕的模式和路径，更好助力经济高质量发展、收入分配格局优化、社会生态建设和金融稳定，在推进共同富裕的过程中实现自身的高质量发展。

一、信托业助力经济高质量发展

实体经济高质量发展是共同富裕的重要前提和物质基础。进入新发展阶段，信托业应加快进行战略重塑，不断提高服务实体经济的有效性，在可持续、高质量发展中推动共同富裕行稳致远。

（一）发展资产管理信托，服务重大经济战略

资产管理信托业务将成为信托公司从融资类业务向投资类业务转型、提升资产管理能力的主战场。信托业要以资管新规和新三分类为遵循，加快标品资管转型步伐，大力发展资产管理服务信托，服务重大经济战略落地落实。

一是贯彻落实国家重大战略部署。习近平经济思想将部署实施国家重大发展战略作为我国经济发展的战略举措。深度服务国家重大战略，助力

经济高质量发展是新发展阶段信托业的应有之义。信托业要围绕"一带一路"、京津冀协同发展、长三角一体化、粤港澳大湾区建设等国家重大战略，不断创新业务模式，加大为重大战略提供金融服务的力度。

二是助力产业优化升级。结合"十四五"规划、党的二十大报告以及国家近几年的产业政策布局，科技创新、数字智能和绿色低碳无疑是我国产业结构转型升级应该长期重点关注的主线。信托业应当把握国家经济发展的主旋律，通过业务转型升级更好地支持国家产业结构调整。一方面，要创新服务模式，大力支持产业高质量发展。信托业要借助灵活的制度优势，提高金融资源配置效率，创新运用股权投资、投贷联动、并购重组等方式，高效引导金融资源更加精准支持科创企业、高端制造业等领域，助力产业升级和经济转型。另一方面，要积极助力科技自立自强。在中美关系日益复杂化的背景下，信托业要不断加大对集成电路、新材料、新能源等方面"卡脖子"技术的支持力度，助力高水平科技自立自强。

三是支持消费、投资增长和城镇化建设。一方面，随着逆全球化不断演进，国内经济复苏内生动力不足，信托业要在双循环新发展格局中不断创新业务模式，加大对消费和投资的支持力度，助力经济增长。另一方面，我国城镇化率虽已突破65%，但与发达国家相比仍有提升空间，信托业要积极探索新的服务模式，助力城市基础设施建设、城市老旧小区改造，推动新型城镇化建设不断发展。

（二）创新资产服务信托模式，积极助力乡村振兴

资产服务信托作为信托本源业务，将成为信托公司未来在金融行业中相对专属的业务领域。乡村振兴作为一项重要的国家战略，是实现全体人民共同富裕的重要途径。摆脱贫困，是实现中华民族伟大复兴中国梦的重

要内容。信托制度在助力乡村振兴、巩固拓展脱贫攻坚成果方面有较大发挥空间。信托公司利用信托综合服务优势满足农业主体的金融需求，可以助力其创造更大价值，并分享部分收益。信托业要积极践行时代使命，创新服务方式，全面推进乡村振兴，为全面建设社会主义现代化国家、实现中华民族伟大复兴贡献力量。一是土地信托促进农村土地流转。信托公司通过设立土地信托，实现土地所有权、承包权和经营权的分离，实现土地经营权的资本化，提高农业生产力，促进乡村振兴。二是慈善信托助力巩固拓展脱贫攻坚成果。通过设立慈善信托，汇集慈善资源，加强对农村重点群体和重要民生保障的支持，做好防止返贫致贫工作，有效巩固拓展脱贫攻坚成果。

（三）发展绿色信托，促进绿色转型发展

党的二十大报告指出，必须牢固树立和践行绿水青山就是金山银山的理念，站在人与自然和谐共生的高度谋划发展。当前，我国正处在落实"十四五"规划和践行"双碳"目标的关键期，绿色转型是推动"十四五"时期经济高质量发展和实现"双碳"目标的必然选择。从具体实践来看，信托业积极探索发展绿色信托贷款、绿色股权投资、绿色债券投资、绿色资产证券化、绿色产业基金等多种产品，持续推进绿色发展，积极落实"双碳"战略要求，促进生态环境优化，在可持续发展中助力实现共同富裕。

二、信托业助力收入分配

在高质量发展中促进共同富裕，必须正确处理效率和公平的关系，构建初次分配、再分配、第三次分配协调配套的基础性制度安排。共同富裕的目标要求信托公司打破"嫌贫爱富"的展业逻辑，加大对更广大的中低收入群体的服务力度。

（一）深入拓展财富管理服务信托业务，规范财富积累机制

信托是财富管理较好的工具之一。未来应当重点推动信托制度在财富管理领域的创新发展。新三分类规定为财富管理服务信托业务提供了方向指引，引导信托公司回归信托制度的本源，符合共同富裕目标的要求。信托公司要坚持"受人之托，代人理财"，以客户为中心，围绕"资产配置+受托服务"深入拓展财富管理服务信托业务。一是提高资产配置能力。财富管理服务信托业务需要以客户为中心，提高专业性，不断完善资产配置体系，提高资产定价能力。要加快数字化转型，拓展服务的外延，提高服务效率和质量。二是完善客户服务体系。信托公司要始终秉持"受人之托，代人理财"的展业原则，一方面，要不断提升专业能力，在财产保护、财富传承等领域为客户提供专业性的服务方案，满足客户多元化的财富管理要求。另一方面，要不断完善业务管理系统，利用信托产品创设的灵活性，建立以客户为中心的"专属财富管理信托账户"，提升客户服务体验。

（二）努力探索家庭服务信托业务，扩大中等收入群体规模

信托公司通过探索家庭服务信托业务，提升财富管理的普惠性和可得性，有效扩大中等收入群体规模，促进橄榄形分配结构形成，缩小贫富差距，促进社会稳定。随着我国中等收入群体规模快速增长，财富管理的需求将大量释放，不断丰富财富管理和资产配置工具，可助力巩固并扩大中等收入群体占比。家庭服务信托更多聚焦于风险隔离、财富保护和分配等服务，通过发挥信托制度管理财富的本源功能，在坚守受托人职责前提下，降低投资门槛，使得一般家庭有机会利用信托制度来灵活实现家庭的财产保护、分配、传承等方面的需求。这正是信托助力共

同富裕的初心和使命。一是打开下沉市场，建立客户认知。相对于"高门槛"的家族信托而言，家庭服务信托实收信托仅需不低于100万元，信托客群下沉，受众范围更广，市场机会更多。但家庭服务信托客户群对服务信托的特征、功能等了解还较少，需要对客户进行培育和辅导。同时，由于投资门槛的下降，家庭服务信托定制化服务内容会进行一定调整，需要对委托人进行适当引导。二是重视稳健投资，提升管理能力。从投资范围来看，家庭服务信托的核心是"稳"。家庭服务信托通过借助信托的"账户"功能，围绕委托人意愿，以稳健投资为前提，提供多元化的财富管理服务。三是加强内部协同，提升服务效能。信托公司要不断完善业务团队、投资团队、运营团队以及科技团队内部协同机制，提升协同作战能力，为客户提供一站式便捷高效服务，提高家庭服务信托的核心内功。四是提升金融科技赋能质效。信托公司应根据家庭服务信托以"配置"为核心的业务需求来构建服务系统，借助金融科技手段实现流程再造，并进一步加强资产配置功能和能力，积极探索信托公司特色化经营路径。

（三）大力发展公益慈善信托业务，积极投入帮扶助困工作

公益慈善信托作为社会公众参与公益事业的新途径和方式，目前已取得一定发展成效，但仍面临一些发展瓶颈。应进一步完善公益慈善信托的制度机制，更好发挥其专业优势，充分调动和借助市场及社会力量，积极投入帮扶助困工作，为推进共同富裕提供信托特色赋能。一是完善公益慈善信托的运作机制。加快数字化转型，提升公益慈善信托服务的便捷性和可及性，增强公益慈善信托帮扶助困的有效性。同时，要不断完善公益慈善信托信息披露标准，提高运作的公开化和透明度，提高人们参与公益慈善信托的积极性。二是加强公益慈善信托行业自律。要进一步加强公益慈

善信托行业自律建设，推动建立健全行业规范，进一步完善公益慈善信托行业标准，促进公益慈善信托应用及普及，推动公益慈善事业健康可持续发展。

三、信托业助力社会生态建设

（一）发展家族信托，弘扬良好道德风尚

美国、日本等国的经验充分证明，家族信托是助力财富代际传承的良好手段。我国信托业开展家族信托业务时，要深刻践行守正、忠实、专业的受托人文化，通过家族信托"长期延续"的理念传承家风家训，防止家族财产继承纠纷和挥霍，促进中产阶级和高净值人群财富代际传承，助力共同富裕。同时，精神文明是推进共同富裕的基础力量，夯实精神文明建设，有助于加快实现共同富裕。信托业要不断发扬信托文化，弘扬诚信精神，推动忠诚守信等价值观加快形成和有效发扬，更好促进良好社会风尚的"生根落地"，助力和谐社会构建。

（二）促进良好生态建设，保障环境宜居宜业

促进良好生态建设，打造宜居的生态环境是实现共同富裕的重要环节。良好的生态环境不仅是经济可持续、高质量发展的必然要求，也是实现共同富裕目标更高层次要求的应有之义。一方面，要不断完善绿色信托保障机制，助力打造宜居宜业生态环境。从监管角度来看，要加快建立并完善绿色信托统计体系、明确绿色信托业务认定标准等，更好优化绿色信托的政策环境。从信托公司角度来看，要不断完善考核评审机制，建设投（贷）后管理体系，打造专业化业务团队，提高信托公司绿色信托业务能

力。另一方面，可借鉴英国、日本和美国"国民信托"运作经验，在历史文化遗产管理和维护上，通过引入信托机制，实现对历史文化遗产的有效保护，更好助力共同富裕目标的实现。

（三）完善预付类资金信托业务，促进社会和谐和睦

在推动共同富裕的过程中，信托业应当积极探索信托制度在预付资金监管、社区物业管理等方面的作用，助力提升社会治理水平，促进社会和谐和睦。一是探索预付类信托业务。随着互联网的发展普及以及消费领域新业态、新模式的不断涌现，预付类资金场景应用愈加广泛。但预付类资金管理存在监管力度不够、信息不透明、存在资金挪用现象等问题，损害消费者权益，不利于社会治理水平提升。通过发展预付式资金服务信托，发挥信托制度风险隔离功能，提高预付资金管理的有效性和安全性，助力社会治理能力提升。二是推广信托制物业管理模式。小区物业管理是社会治理的"最后一公里"，关系到千家万户的切身利益。可将信托机制引入小区物业管理，减少物业及业主的矛盾和冲突，破解物业治理难题。

（四）探索养老信托、特殊需要信托业务，推动完善社会保障

信托业要不断探索养老信托、特殊需要信托等业务，推动完善社会保障，促进公共服务普及普惠。

探索养老信托，助力第三支柱建设。在我国人口老龄化加速、养老需求增加的背景下，大力发展养老信托不仅是信托公司顺应共同富裕目标、切实支持养老产业发展的有效举措，也是积极履行社会责任的重要途径。整体来看，我国养老信托在制度层面和实践层面都存在一定现实难题，尚未形成成熟的产业体系，需要积极探索养老信托助力第三支柱建设路径，促进共同富裕。一方面，要协调统筹，不断完善养老信托各项制

度。要加大政策支持力度，尽快出台养老金第三支柱税收优惠政策，提高税收优惠的额度，拓宽享受税收优惠的养老信托产品范围，提高养老信托服务的普惠性。同时，适时出台业务指引，明确养老信托定义和内涵，适当降低养老信托投资者门槛，推动养老信托不断规范发展。进一步完善个人养老金管理制度，协调人力资源和社会保障部、民政部等相关部门将养老信托纳入个人养老金账户投资范围，促进第三支柱建设。另一方面，信托公司要充分发挥信托制度优势，积极探索养老信托的业务模式，有效发挥金融科技力量，不断拓展养老信托业务外延，为客户提供多样化、个性化、全方位的养老信托服务，推动养老保障第三支柱建设行稳致远。

要开展特殊需要信托，解决特殊人群需求。扶残助残是社会文明进步的重要标志。特殊需要信托是指以满足和服务特殊需要人群的生活需求为主要信托目的的一种特别的信托制度安排。针对当前特殊需要人群服务需求供给不足的现实困境，可加快完善特殊需要服务信托的体制机制，助力其成为社会保障体系的有力补充，促进共同富裕。一方面，建议相关政府部门和行业协会加强协同，可参考深圳市残疾人联合会发布的《关于促进身心障碍者信托发展的指导意见》和上海市人民政府发布的《上海市残疾人事业发展"十四五"规划》等政策文件，加快制定特殊需要服务信托业务操作指引。厘清特殊需要信托的内涵和外延，明确特殊需要信托委托人、受托人、受益人、监察人等相关人员的关系，确定好特殊需要信托各主体的义务、责任以及业务边界，完善特殊需要信托体制机制。另一方面，要强化外部监督管理，完善互信机制。可借鉴慈善法中的信托监察人条款，在特殊需要信托体制机制内引入民政部等其他有关部门担任监察人，提高特殊需要信托的社会公信力，增强信托财产和信托事务管理的规范性和透明性。

四、信托业助力金融稳定

信托公司应进一步加快战略转型，坚守风险合规底线，提升专业能力，为金融稳定贡献行业力量，从而夯实共同富裕的基础。

（一）加强风险管理，防范金融风险

信托公司应时刻牢记将控制业务风险放在首位，严格按照监管政策要求开展业务经营，不断增强自身的品牌影响力，打造具有信托特色的专属发展模式。一是要加快战略转型。伴随信托业务新三分类落地，未来信托公司展业方向将更加清晰、明确。因此，信托公司应坚定转型决心，发挥信托制度优势，打造以资产服务信托、资产管理信托和公益慈善信托为主的信托业务体系，提高信托服务实体经济有效性。二是坚持依法合规经营。信托业需以新三分类为根本遵循和行动指南，严格遵守监管政策，坚决按合规性要求展业，对业务进行全面风险管理。三是要坚持风险防范与创新发展并举。目前，信托业制度与基础建设不断完善，信托监管更加科学规范。要坚持风险防范与创新发展齐头并进，筑牢信托安全发展的底线，同时，要聚焦服务实体经济本源，创新服务模式，为实体经济高质量发展提供有力的金融支持。如信托业要加大对资产证券化领域的服务力度，推动提高企业经营效率，降低企业杠杆，修复受损资产负债表，提高服务质效。

（二）发展风险处置服务信托，助力风险处置

不良资产因具有安全边际高、逆经济周期性、准入门槛低等特点，近年来被各类投资机构广泛关注。风险处置服务信托是指信托公司作为受托

人，接受面临债务危机、处于重组或破产过程中的企业（困境企业）或其他利益相关方委托，为提高风险处置效率而设立的信托。近些年，风险资产规模不断增长，为信托业发展风险处置服务信托业务提供了市场基础。信托公司要主动应变，针对风险处置服务信托业务模式特点，不断提升开展风险处置服务信托业务所需配套能力，进而提高风险资产处置的核心竞争力，更好助力金融市场风险化解，夯实共同富裕基础。具体来看，考虑到风险处置业务具有非标化、属地化、投行化等特点，信托公司在介入该类业务初期阶段需要借鉴成熟的交易结构和成熟案例，积累客户资源和经验，搭建专业的风险资产运营体系和 IT 系统，逐步打造具备更强资产管理能力、尽职调查能力、资源整合能力及退出能力的专业不良资产投资业务团队。

第四节　信托业进一步支持共同富裕的思路

借鉴国际有益经验，结合当前我国信托业服务共同富裕的实践现状及难点，从完善受托人制度、加强顶层设计、强化监管政策引领等方面提出政策建议，推动信托业助力共同富裕行稳致远。

一、完善受托人制度，建立促进共同富裕的内外部文化

第一，坚守受托人定位，牢记服务实体经济和服务人民美好生活的使命。在促进共同富裕目标实施过程中，信托公司要坚守受托人定位，始终牢记服务实体经济高质量发展和服务人民美好生活的使命，积极践行金融工作的政治性和人民性。一是支持实体经济高质量发展，夯实共同富裕基础。服务实体经济是金融的天职。信托业作为金融体系重要组成部分，要将服务实体经济高质量发展的使命根植于受托人文化中，做到内化于心、外化于行。通过不断创新服务实体经济的体制机制，不断完善与实体经济结构和融资需求相适应的金融服务体系，提高服务实体经济高质量发展质效。二是忠实履行受托责任，满足人民群众对美好生活的向往。信托公司要牢固树立受托人意识，将满足人民群众对美好生活的向往根植于受托人文化中。信托公司要不断提升专业化资产管理能力，满足人民对财产保值增值和财富传承的需求。同时，应有效发挥信托制度下社会生态建设的积极作用，推动社会和谐和睦发展，为共同富裕目标的实现奠定基础。

第二，加大对信托制度、信托文化的宣传力度，引导社会各界懂信

托、用信托。信托作为一种独特的制度安排，不仅可以发挥金融功能有效配置资源，还可以在财富传承、公益慈善等社会治理方面发挥积极作用。由于我国是银行主导型金融结构，加上对信托宣传力度不够，信托业很长一段时间"养在深闺人未识"，社会公众对信托文化和功能了解严重不足。因此，信托公司要在做好受托人本职工作基础上，积极推广信托制度和信托文化，引导社会各界懂信托、用信托，强化对信托业的认知，服务人民美好生活。

二、加强顶层制度建设，完善信托业促进
共同富裕的体制机制

第一，完善慈善信托相关制度。一方面，加快完善公益慈善信托税收优惠政策，制定公益慈善信托财产登记和过户制度，破解公益慈善信托操作实施面临的诸多难题，为公益慈善信托快速发展扫清制度障碍。另一方面，公益慈善信托备案要宽紧适度。在合法、安全、有效的原则下，可考虑适当放宽公益慈善信托的认定标准，拓宽公益慈善信托的资金来源，促进慈善信托快速发展。

第二，完善信托财产登记制度建设。信托财产登记制度是构成完整的信托制度体系的重要基础设施。美国、英国、日本等信托业较发达的国家都建立了相对完善的信托财产登记制度。目前，我国信托财产登记制度相对不够完善，这不仅制约了信托业的发展，也不利于信托业促进共同富裕功能的有效发挥。为此，建议从以下几方面着手改进。一是尽快研究修订《中华人民共和国信托法》，在法律层面上对信托财产登记相关问题通过具体配套细则予以明确，以激发制度活力。二是根据信托财产登记的财产类型，对其进行分类登记管理，明确对应的信托财产登记机关，完善现

有登记制度。三是加强政策协调。信托财产登记工作涉及权属登记部门较多，要加强政策协同，明确登记中各方权责，增强信托财产登记制度的规范性、系统性。

三、强化监管政策引领，提高服务共同富裕的质效

第一，给予信托业开展预付类资金管理等专有信托业务政策支持。预付类资金管理服务信托是信托服务本源优势的显著体现。预付类资金覆盖的领域和影响面广泛，涉及社会、经济生活的各个方面，管理、运用好预付类资金，不仅有利于拓展信托公司业务范围，树立信托业良好社会形象，也能有效化解社会矛盾，提高社会治理水平，满足人民日益增长的美好生活需要。信托参与涉众性社会资金管理可以充分发挥信托财产独立和破产隔离的优势。目前，信托参与预付类社会资金管理仍存在一定困难。建议加强政策引领，扩大信托机制在预付类资金管理中的应用。一是监管机构可以针对性出台相关业务指引，明确预付类资金管理服务信托相关制度规定，助力预付类资金管理服务信托规范、创新发展。二是可考虑将预付类资金管理等业务作为信托公司专有业务，提高信托管理预付类社会资金的积极性，促进预付类资金管理服务信托的健康可持续发展。

第二，允许标品信托公募发行。在共同富裕大背景下，增进长尾人群民生福祉是促进共同富裕的关键一环。信托公司应积极转变发展理念，创新服务模式，不断拓展服务客群和范围，提高信托服务普惠性。2018年出台的资管新规将信托产品限定为私募发行。为进一步提高信托业服务共同富裕质效，拓宽信托服务客群范围，建议资金用途符合资管新规关于公募要求标品信托的，允许以公募方式发行，提高信托产品服务普惠性，更好促进共同富裕目标的实现。

第五章

宏观金融政策对共同富裕的影响

金融是现代经济的核心，是实体经济健康运行的重要保障。金融推动共同富裕，最核心的作用体现在把"蛋糕"做大做好和把"蛋糕"切好分好，以及有效抵御风险把"蛋糕"保护好。金融发展对共同富裕的影响，从宏观上看主要体现在金融深化和金融政策对共同富裕的影响。

第一节　金融在推进共同富裕中的角色定位

习近平总书记指出，实现共同富裕的目标，首先要通过全国人民共同奋斗把"蛋糕"做大做好，然后通过合理的制度安排正确处理增长和分配关系，把"蛋糕"切好分好①。

实现共同富裕是一个长期的历史过程。现代金融体系有三个重要的作用和功能：一是促进社会财富创造，促进资源的流动和优化配置，支持实体经济的发展；二是促进财富积累，实现经济增长的财富效应，为经济增长提供物质保障；三是有效抵御风险，维护经济体系的稳定和安全。相应地，金融推动共同富裕，最核心的作用体现在把"蛋糕"做大和把"蛋糕"分好，以及有效抵御风险把"蛋糕"保护好。具体来讲，一是"做大蛋糕"，即发挥金融的本质作用，通过市场化的金融服务促进经济高质量发展，提高发展的平衡性、协调性和包容性，落实好区域重大战略，优化城乡一体化发展格局等，为共同富裕积累更为坚实的物质基础。二是"分好蛋糕"，充分发挥金融在初次分配、再分配和第三次分配过程中的积极作用。积极发展普惠金融，提高弱势群体的信贷和理财能力，有效支持"三农"发展；培育健康有序的资本市场，增加中等收入群体财产性收入；发挥保险业财富分配和基础保障作用，改善资源分配不均现状，逐步缩小收入差距和财富差距。三是"保护好蛋糕"，通过提高金融监管效能，优化货币政策和宏观审慎政策调控，提高金融系统对市场波动、外部冲击等

① 《习近平谈治国理政》第四卷，外文出版社 2022 年版，第 210 页。

各类风险的抵御能力。

从国外研究来看，围绕金融与共同富裕的关系有三种观点。其一，金融发展将减少收入不平等（Banerjee and Newman，1993；Galor and Zeira，1993）。其二，金融发展与收入不平等之间存在倒 U 形关系（Greenwood and Jovanovic，1990）。金融业发展的初期加剧不平等程度；金融发展到一定阶段后，将通过提高信贷可得性减少收入不平等。其三，金融发展与收入不平等之间存在 U 形关系。金融的初步发展有助于发挥经济增长的涓滴效应，减少收入不平等；金融发展到一定程度之后，将加大不平等程度。整体上看，金融抑制和过度金融化都可能导致不平等加剧。Brei 等（2018）实证研究了金融发展与收入不平等之间的关系，利用 1989—2012 年 97 个经济体的数据，研究发现二者关系并不是单调的。一方面，在金融发展水平还不是很高的情况下，金融的发展减少了收入不平等；另一方面，在金融发展到一定高度时，如果是基于市场的金融扩张，不平等性就会加剧。

从金融发展的具体内涵看，金融深化、金融调控和金融监管能够通过经济增长、收入分配和风险防范三大渠道对共同富裕产生影响（见图 5-1）。其中，金融深化主要通过经济增长渠道和收入分配渠道对共同富裕产生影响。金融抑制是发展中国家增长潜力不能充分释放的重要原因之一。通过推进金融深化改革增加全社会资金归集和配置能力，特别是增加对外部资本的使用，可以助推发展中国家经济增长。然而，过度的金融化可能带来社会经济运行成本和脆弱性的提升，进而对增长的可持续性和收入分配带来不利影响。金融调控和金融监管中的货币政策在"防通胀"和"促就业"两大政策目标中的不同取舍会产生不同的经济增长和收入分配效应。近年被广泛运用的结构性货币政策以及金融危机后的量化宽松政策均会对不同行业、部门的收入和财富存量产生影响。金融监管直接影响信贷资源的配置和运用，也会对经济增长和收入分配产生影响。同时，有效的金融监管还能够防范金融风险，保障居民财产安全。

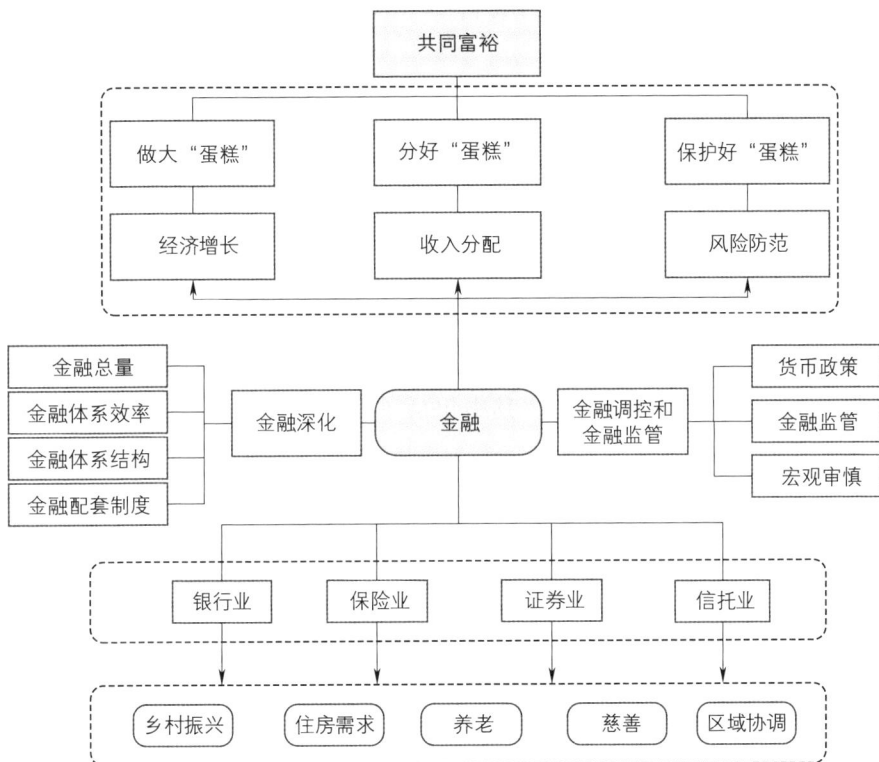

图 5-1　金融对共同富裕的影响机制

资料来源：作者根据相关资料自制。

第二节 金融深化对共同富裕的影响

一、我国金融体系发展历程及特征

改革开放以来，我国金融资产经历了由单一的银行资产向市场化、多元化方向发展的历程。易纲在其三篇文章[①]中分析了改革开放以来我国金融资产总额以及结构的变化，其中包括了贷款和证券两类资产规模变化（见表5-1）。

表 5-1 中国金融资产总额和其中债券及证券的变化

	1978 年		1991 年		2007 年		2018 年	
	余额（万亿元）	与 GDP 之比（%）	余额（万亿元）	与 GDP 之比（%）	余额（万亿元）	与 GDP 之比（%）	余额（万亿元）	与 GDP 之比（%）
总额	0.2	90.4	5.1	232.2	159.1	588.9	722.1	785.5
贷款	0.2	51.4	2.2	100.8	27.1	100.5	162.4	176.7
证券	—	—	0.1	4.5	45.1	166.9	124.6	135.5
其中：债券	—	—	0.1	4.5	12.6	46.8	83.5	90.9
股票	—	—	—	—	32.4	120.1	41.0	44.6

注：数据均直接引用原文，误差为数据四舍五入后产生的偏差。

资料来源：易纲，《再论中国金融资产结构及政策含义》，载于《经济研究》，2020 年第 3 期。

[①] 三篇文章分别为 1996 年发表于《经济研究》的《中国金融资产结构分析及政策含义》，2008 年发表于《经济研究》的《中国金融资产结构演进：1991—2007》，2020 年发表于《经济研究》的《再论中国金融资产结构及政策含义》。

从 1978 年到 2018 年，我国金融资产总额整体规模不断增加，与 GDP 之比也从 1978 年的 90% 左右，增至 2018 年的 785% 左右。

我国金融资产中贷款和证券的变化大致可以分为三个时期：1978—1991 年，1991—2007 年，2007 年及以后。

第一阶段（1978—1991 年）：间接融资占据绝对主导地位，资本市场初步发展。1978 年，我国的金融资产构成中仅有贷款，不管是债券市场还是股票市场仍处于空白期。1985 年我国第一只企业债发行，1990 年深交所和上交所先后成立并试营业，我国资本市场进入初期发展阶段。然而，初期能够获批发行债券和股票的企业数量较少，企业从中筹集到资金的规模十分有限。1991 年，贷款与 GDP 之比为 100.8%，债券与 GDP 之比（4.5%）与其有较大差距。银行和金融机构的贷款是该时期企业资金主要来源，其与 GDP 之比从 1978 年的 51.4% 增加到 1991 年的 100.8%，比率翻了近一倍。

第二阶段（1991—2007 年）：资本市场加速发展，相对于经济基础的规模超过贷款。该时期我国金融规模快速扩张，金融深化高速前进。债券市场和股票市场同时发展，其中股票市场发展尤其迅速，起到了重要作用。证券与 GDP 之比从 1991 年的 4.5% 大幅增加至 2007 年的 166.9%。其中，股票市场 1997 年与 GDP 之比达到了 120.1%。银行贷款相较于 GDP 的规模几乎没有发生变化，其 100.5% 的比率也远低于证券与 GDP 之比。

第三阶段（2007 年及以后）：银行贷款与 GDP 之比再度上升，直接融资占比不升反降。2008 年国际金融危机之后，我国内外部环境发生了变化。长期看，我国内需在经济增长中的作用上升，对贷款融资的需求也有所增加，贷款与 GDP 之比从 2007 年的 100% 左右升至 2018 年的 176.7%。证券与 GDP 之比则从 2007 年的 166.9% 降至 2018 年的 135.5%。股票融资与 GDP 之比大幅下降。从社会融资规模的增量看，该时期也可大致分为三个阶段：2015 年以前间接融资新增量占比仍在增加；2015 年和 2016 年达到高点的 20% 以上；2017 年经济去杠杆和控风险相关政策出台，监管政策趋严，直接融资新增量占比在波动中下降，至 2020 年基本稳定在 15% 左右；在新冠疫情的影响下，2022 年我国直接融资新增量占比再次下降到 10% 左右（见图 5-2）。

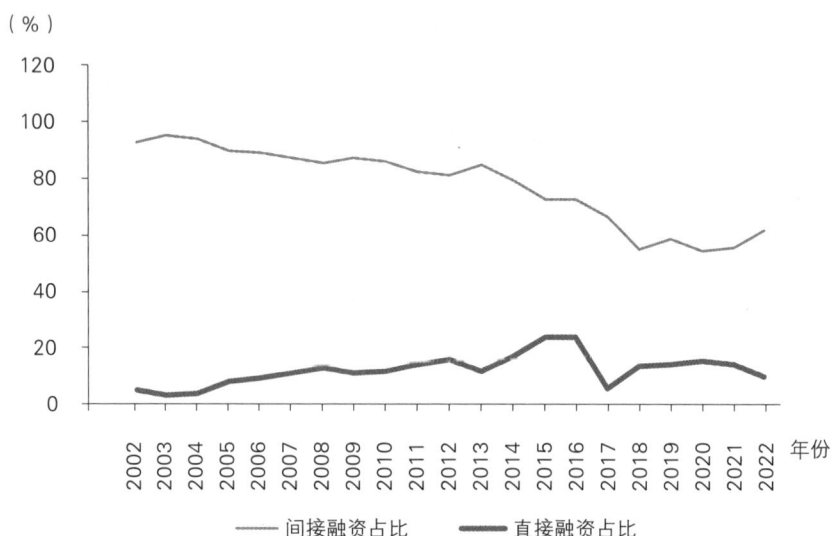

图 5-2　2002—2022 年间接融资与直接融资占比：年度新增
资料来源：万得资讯。

二、我国金融深化对共同富裕的影响

改革开放以来，我国金融体系不断完善、深化，对我国经济增长起到了重要的作用。一是支持了我国金融创新。我国金融科技发展较快，极大提升了金融效率和普惠金融水平，推动新兴消费、互联网经济等领域的发展，从而为经济增长提供新的动力。二是资本市场的发展，提供了更多融资渠道和资金来源，支持了企业的发展和创新。我国资本市场不断完善，流动性和效率不断提高，吸引了更多投资者参与，为实体经济提供了更多融资支持。三是持续推进的金融体制改革，增强了风险防控能力，促进了金融资源的优化配置，提升了金融系统对经济增长的支持能力。总之，金融深化可以提升金融服务实体经济的能力，优化资源配置，推动金融创新和金融体系改革，为经济发展提供更广阔的空间和更强的动力。

近年来，直接融资规模的增加和占比的提高对我国经济发展也存在促进作用。研究表明，我国直接融资规模与 GDP 之间存在长期／短期和稳定的正相关关系[①]。同时，随着时间的推移，直接融资对我国经济增长的影响日益上升，而间接融资对经济增长的影响有所减弱[②]。特别是在 2005 年股权分置改革之后，直接融资方式对经济增长的边际效应超过间接融资方式。

在欠发达地区，由于经济发展相对落后，银行作为中介机构，更能减少信息不对称等问题，有助于双方履约。在中低发展水平地区，直接融资对我国经济增长的边际效应并不是十分显著，以间接融资为主的金融资源配置方式更有利于经济增长[③]。

与国际上的争论一致，我国在金融深化与收入分配的关系方面，目前也存在争论。争论同样基于两方面观点。一方面，金融深化优化了我国收入分配格局，多样性的显著增加能够缩小收入差距，该作用通过不同的渠道（资本市场、人力资本积累和实体经济）发挥作用，且作用机制存在差异。提高我国的劳动收入有助于降低基尼系数。另一方面，由于金融领域

---

① 李致平、田月红：《直接融资与经济增长的协整关系》，《安徽工业大学学报》，2007 年第 3 期。

②③ 吴晗：《我国融资结构演进对经济增长的影响——基于新结构经济学视角的经验分析》《经济问题探索》，2015 年第 8 期。

的门槛提高，金融深化显著加剧了我国的收入悬殊问题。

总的来说，由于我国金融体系发展仍不完善，因此深化金融体系发展仍然能够促使我国收入分配格局更加优化。这点在城乡收入差距变化上也有体现。金融效率的提高可以缩小我国城乡收入差距，但金融规模和金融效率的提升也提高了我国金融可及性的门槛，拉大了城乡收入差距。相关制度和环境的有效改善，例如基础教育和金融法制体系的改善能够有效降低全国居民收入的基尼系数，并一定程度上缩小收入差距。

第三节　货币政策与共同富裕

货币政策与共同富裕的关系主要表现在两个方面：一是经济增长效应，经济增长是货币政策的最终目标之一，货币政策通过调控促进经济增长来做大"蛋糕"从而推动共同富裕；二是收入分配效应，结构性货币政策工具具有再分配特征，会影响不同群体的收入水平。

一、货币政策影响共同富裕的作用机制

货币政策对共同富裕的影响相对比较复杂，通过多种渠道作用于收入分配进而对共同富裕产生影响，而且各种渠道一般不是单独发挥作用，不同的作用机制通常是相互交叉的。具体而言，货币政策主要通过以下几种渠道影响共同富裕。

一是储蓄再分配渠道。货币扩张政策通过减少债务利息的支付，使借款人的情况更好，而持有存款的储蓄者则面临更低的回报。如果借款人主要是低收入人群，而贷款人主要是高收入人群，那么宽松的货币政策就能够通过储蓄再分配渠道促进共同富裕。反之，如果借款人主要是高收入群体，而贷款人主要是低收入人群，那么宽松的货币政策则不利于共同富裕。

二是意外的通货膨胀渠道。意外的通货膨胀导致名义资产负债表重新估值，使名义债权人损失，名义债务人受益。这里，货币政策对共同富裕的影响就取决于债务人／债权人与高收入人群／低收入人群的对应关系。

如果债务人主要是低收入人群，而债权人主要是高收入人群，那么宽松的货币政策就能够通过意外的通货膨胀渠道推动共同富裕。

三是利率风险渠道。实际利率的下降会提高金融资产价格。然而，Auclert（2016）认为，这有利于资产持有人的说法通常是不正确的。他表明，未套期保值的利率风险（UREs），即某一时点所有到期资产和负债之间的差额，是衡量家庭资产负债表对实际利率变化风险的正确尺度。金融财富主要投资于短期存单的个人或家庭往往有正的UREs，而那些拥有大量长期债券投资或浮动利率抵押贷款负债的个人或家庭往往有负的UREs。实际利率的下降会导致第一类人向第二类人的再分配。所以，综合来看，货币政策通过这种渠道对共同富裕的影响还是取决于不同收入群体的资产配置选择。

四是证券组合渠道。提高金融资产价格导致利率下降，通过家庭资产组合的差异可影响家庭的资产负债表（Coibion等，2017；Inui等，2017）。股票价格上涨导致资本收益增加，使持有大部分金融资产的高收入家庭受益。这提高了财富不平等程度。同时，较高的房价增加了房地产资产的价值。如果房屋所有权集中在财富分布的顶端，则会加剧财富不平等。总体来看，宽松的货币政策通过证券组合渠道对共同富裕产生不利影响。

五是收入异质性渠道。Heathcote等（2010）的研究表明，虽然分布顶端的收入主要受小时工资变化的影响，但底层的收入主要受工作时间和失业率变化的影响。在货币政策对这些力量产生不同影响的情况下，将产生重新分配收入的效果。Dolado等（2018）研究了资本—技能互补性如何与货币政策互动，影响高技能和低技能工人之间的不平等程度。他们发现，意外的扩张性货币政策冲击通过降低低技能工人的劳动收入份额和提高高技能工人的劳动收入份额来加剧收入不平等。因此，在收入异质性渠道影响下，宽松的货币政策不利于推动共同富裕。

六是收入构成渠道。家庭从不同的渠道获得收入，每个渠道都可能对货币政策的变化做出不同的反应（Amaral，2017）。低收入家庭往往更依赖转移支付，而中等收入家庭主要依赖劳动收入，处于收入分配顶端的家庭相对更依赖商业和资本收入。如果利率下降刺激了经济活动，扩张性的货币政策可能会导致更高的工资和更低的失业率，此外，较低的利率会减少利息收入，所以扩张性的货币政策有利于实现共同富裕。

二、货币政策与共同富裕的关系

近 20 年来，我国货币政策调控在推动经济平稳增长和收入分配更加公平方面发挥了重要作用，是扎实推动共同富裕的关键力量。

（一）货币政策与经济增长的关系发展阶段

经济增长是货币政策最终目标之一，近 20 年来社会融资规模与广义货币供应量（M2）同比增速和名义经济增速基本保持一致（见图 5-3）。具体而言，货币政策与经济增长的关系经历了三个阶段。

第一阶段：2003—2010 年，经济增速保持较高水平，货币政策总体宽松。这期间，货币供应量、社会融资规模和经济增速均保持较快增长，M2年均增速为 18.8%，略高于名义 GDP 增速（18.7%），社会融资规模增速为 21.6%，高于名义 GDP 增速约 3 个百分点。这一时期是我国加入 WTO之后快速融入全球化阶段，经济增长潜力得到充分释放，货币政策为经济增长创造了适宜的货币金融环境。

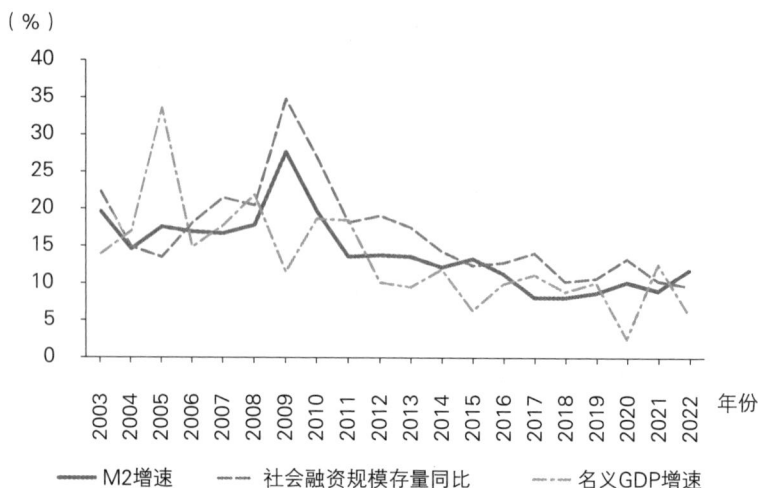

图 5-3　M2 和社会融资规模增速与名义 GDP 增速

资料来源：万得资讯。

　　第二阶段：2011—2016 年，经济增速换挡，货币政策调控模式发生转变。受全球金融危机影响，欧美等发达经济体经济持续低迷，对我国外向型经济发展模式造成一定冲击。与此同时，我国经济也从高速增长阶段切换到高质量发展阶段，国际收支日趋平衡，基础货币投放方式逐步由外汇占款为主转向结构性流动性调控工具为主。在此期间，社会融资规模和 M2 年均增速分别降至 15.7% 和 13.0%，仍然与名义 GDP 年均 11.1% 的增速水平相匹配。

　　第三阶段：2017—2022 年，稳健的货币政策更具灵活性，逆周期调节作用增强。这一时期，我国货币政策框架由数量型向价格型过渡，曾一度出现货币政策传导不畅问题。对此，中国人民银行实施 LPR 报价机制改革，打通货币市场利率向信贷市场利率的传导通道。与此同时，采用结构性货币政策工具加大对关键领域和薄弱环节的支持力度。货币政策加大逆周期调控力度，并创设直达实体经济的政策工具。在此期间，社会融资规模和 M2 年均增速分别为 11.4% 和 9.3%，同期名义 GDP 年均增速为 8.5%。

（二）货币政策调控与共同富裕的关系发展阶段

总体上看，用于表征货币政策的 M2 和社会融资规模同比增速与衡量收入分配的基尼系数走势大体上保持一致。具体而言，2003 年以来，货币政策调控与共同富裕之间的关系演变大致可以分为三个阶段（见图 5-4）。

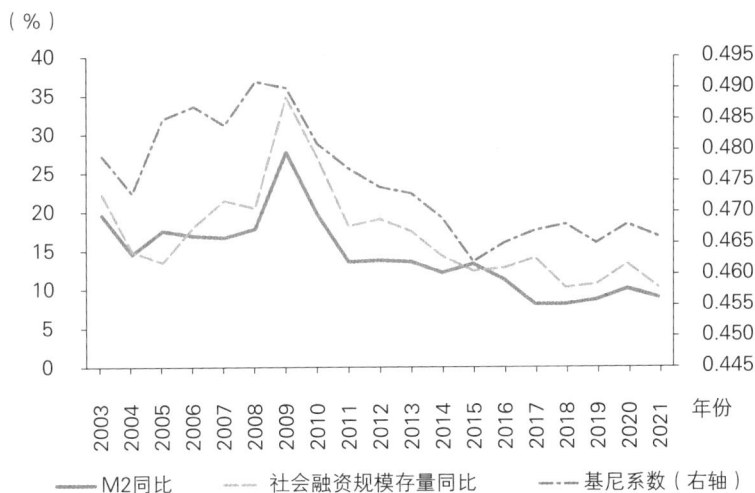

图 5-4　M2 和社会融资规模增速与基尼系数

资料来源：万得资讯。

第一阶段：2003—2010 年，货币政策总体宽松，收入差距有所扩大。加入 WTO（世界贸易组织）之后，我国国际收支出现较大规模顺差，外汇占款成为中国人民银行投放基础货币的主要方式。在这种被动投放基础货币的模式下，货币政策总体表现偏宽松。与此同时，收入分配不平等程度有一定扩大趋势，主要是因为经济高速增长时期对经济效率的追求在一定程度上影响了对公平的关注。这一时期，社会融资规模存量及 M2 增速与基尼系数保持大体一致的变化趋势，都呈现总体上升态势。社会融资规模存量和 M2 增速分别从 2003 年的 22.3% 和 19.6% 升至 2009 年的 34.8% 和 27.7%，并均在 2009 年创下历史最高增速。与此同时，我国基尼系数从 2003 年的 0.479 上升至 2008 年的 0.491，并在 2009 年仍保持在 0.490 的较高水平。

第二阶段：2010—2015 年，货币政策转向紧缩，收入差距缩小。2008 年全球金融危机爆发后，我国采取大规模财政和货币刺激手段稳增长。经济平稳着陆之后，前期政策的负面效应有所显现，主要表现为通胀水平抬升。此外，金融风险逐步暴露出来。对此，货币政策总体呈现偏紧缩的基调。与此同时，货币政策更加关注结构调整，加大对社会弱势群体以及经济发展的关键环节和薄弱领域的支持力度。在这种背景之下，不平等程度有所降低，共同富裕取得明显进展。这一时期，社会融资规模存量增速和 M2 增速总体呈下降态势，分别从 2010 年的 27% 和 19.7% 降至 2015 年的 12.4% 和 13.3%。在此期间，基尼系数也显著降低，从 0.481 降至 0.462。

第三阶段：2015 年至今，货币政策与共同富裕相关性有所减弱。随着经济增速的下行，结构性矛盾愈发突出，我国推行供给侧结构性改革。作为总需求管理政策，货币政策的调控方向也在一定程度上配合了供给侧改革。货币政策在解决结构性问题中发挥了越来越大的作用。这一时期，货币政策指标和基尼系数都经历了一定波动。2016—2018 年社会融资规模和 M2 增速总体呈下行态势，基尼系数则从 0.465 上升至 0.468。2019 年社会融资规模和 M2 增速小幅反弹，但基尼系数重新降至 0.465。2020 年货币政策加大逆周期调节力度，社会融资规模和 M2 增速明显上升，此后有一定回落，基尼系数则在此阶段呈现先升后降的态势。

三、通过货币政策支持共同富裕的重点举措

货币政策支持共同富裕集中体现在三个方面：一是加大对普惠小微企业的支持力度，二是支持乡村振兴和"三农"发展，三是助力普惠养老。

（一）大力支持普惠小微企业发展

小微企业在繁荣经济、稳定就业、促进创新等方面发挥了重要作用，也是货币政策推动共同富裕的重要抓手。货币政策对普惠小微企业的支持主要体现在以下方面。

创设支小再贷款。2014 年 3 月，中国人民银行印发《关于开办支小再贷款 支持扩大小微企业信贷投放的通知》（银发〔2014〕90 号），在信贷政策支持再贷款类别下创设支小再贷款，专门用于支持金融机构扩大小微企业信贷投放，同时下达全国支小再贷款额度共 500 亿元。截至 2022 年末，支小再贷款余额为 14171 亿元。2015 年 1 月，中国人民银行下发《关于完善信贷政策支持再贷款管理政策 支持扩大"三农"、小微企业信贷投放的通知》，增加信贷政策支持再贷款额度 500 亿元，其中支小再贷款 300 亿元，支持金融机构继续扩大小微企业信贷投放，引导降低社会融资成本。2018 年 6 月，支小支农再贷款和再贴现额度共增加 1500 亿元，支小再贷款利率下调 0.5 个百分点。2018 年 10 月，中国人民银行印发《关于加大支小再贷款再贴现支持力度 引导金融机构增加小微企业和民营企业信贷投放的通知》（银发〔2018〕259 号），增加再贷款和再贴现额度 1500 亿元，支持金融机构扩大对小微、民营企业的信贷投放。2018 年 12 月，中国人民银行新增再贷款和再贴现额度 1000 亿元以支持中小金融机构继续扩大对小微企业、民营企业贷款。2019 年 4 月，中国人民银行将支

小再贷款政策适用范围扩大到符合条件的中小银行（含新型互联网银行）。2019 年 7 月，中国人民银行增加支小再贷款额度 500 亿元。近年来，中国人民银行多次下调支农再贷款利率。截至 2023 年一季度末，支小再贷款利率为 2%，余额为 14331 亿元。

将支持小微企业的政策工具进行转换。自 2022 年 1 月 1 日起，中国人民银行实施普惠小微企业贷款延期支持工具和普惠小微企业信用贷款支持计划两项直达实体经济的货币工具接续转换，将普惠小微企业贷款延期支持工具转换为普惠小微企业信用贷款支持工具。金融机构与企业按市场化原则自主协商贷款还本付息。从 2022 年到 2023 年 6 月底，中国人民银行按照地方法人银行普惠小微企业贷款余额增量的 1% 提供资金，按季操作，鼓励持续增加普惠小微企业贷款。从 2022 年起，中国人民银行将普惠小微企业信用贷款支持计划并入支农支小再贷款管理。原来用于支持普惠小微企业信用贷款的 4000 亿元再贷款额度可以滚动使用，必要时可进一步增加贷款额度。符合条件的地方法人银行发放普惠小微企业信用贷款，可向中国人民银行申请支农支小再贷款优惠资金支持。

（二）加大对"三农"领域金融支持力度，缩小城乡差距

针对农村地区金融支持短板明显、金融供给不足等问题，中国人民银行多措并举加大对"三农"领域的金融支持力度，助力农业产业发展和农民增收，缩小城乡贫富差距。

创设支农再贷款。中国人民银行从 1999 年开始发放支农再贷款，经过多年发展，其内涵与外延不断突破，逐步发展成为中国人民银行支持农村金融发展的重要工具。2014 年 3 月，中国人民银行增加支农再贷款额度 200 亿元。2014 年 8 月，为贯彻落实国务院常务会议关于加大支农支小再贷款、再贴现力度的要求，提高金融服务"三农"等国民经济薄弱环节的能力，中国

人民银行对部分支行增加支农再贷款额度 200 亿元，引导农村金融机构扩大涉农信贷投放规模，促进"三农"融资成本降低。2015 年 1 月，中国人民银行下发《关于完善信贷政策支持再贷款管理政策 支持扩大"三农"、小微企业信贷投放的通知》，增加信贷政策支持再贷款额度 500 亿元，其中支农再贷款额度 200 亿元，支持金融机构继续扩大"三农"信贷投放，引导降低社会融资成本。2020 年 2 月以来，中国人民银行多次下调支农再贷款利率。截至 2023 年一季度末，支农再贷款利率为 2%，余额为 5960 亿元。

创设扶贫再贷款。帮助贫困人口增收脱贫，是缩小收入差距的重要途径。2015 年 11 月，中共中央、国务院发布《关于打赢脱贫攻坚战的决定》，提出设立扶贫再贷款并实行比支农再贷款更优惠的利率，重点支持贫困地区发展特色产业和贫困人口就业创业。在党中央、国务院政策号召下，中国人民银行设立扶贫再贷款，专项用于支持贫困地区地方法人金融机构扩大涉农信贷投放。扶贫再贷款是中国人民银行为贫困地区地方法人金融机构发放涉农贷款提供的流动性支持，通过扶贫再贷款有针对性地增加贫困地区地方法人金融机构资金来源，发挥扶贫再贷款的杠杆撬动作用，引导贫困地区地方法人金融机构扩大涉农贷款，为打赢脱贫攻坚战提供有力的金融支持。扶贫再贷款的发放对象为连片特困地区、国家扶贫开发工作重点县，以及未纳入上述范围的省级扶贫开发工作重点县辖区内的农村商业银行、农村合作银行、农村信用社和村镇银行等 4 类地方法人金融机构。同时，扶贫再贷款实行比支农再贷款更优惠的利率（利率在正常支农再贷款利率基础上，下调 1 个百分点）。另外，扶贫再贷款还可以展期，累计展期次数最多达 4 次，使扶贫再贷款的实际使用期限最长达 5年，可为地方法人金融机构提供期限较长资金来源。为了给实现脱贫目标提供更加精准的金融支持，中国人民银行要求地方法人金融机构将借用的扶贫再贷款资金全部用于发放贫困地区涉农贷款，并结合当地建档立卡的相关情况，优先支持建档立卡贫困户和带动贫困户就业发展的企业、农村合作社，积极推动贫困地区发展特色产业和贫困人口创业就业，促进贫困人口脱贫致富；合理确定运用扶贫再贷款资金发放的涉农贷款利率，有效降低贫困地区融资成本。同时，中国人民银行加强对运用扶贫再贷款资金发放贷款的台账管理，加大对扶贫再贷款资金投向、用途、数量、利率等的监测分析和评估考核力度，健全扶贫再贷款政策的正向激励机制，以提高扶贫再贷款政策效果；加大对贫困地区扶贫再贷款支持力度，为打赢脱贫攻坚战提供有力的金融支持。截至 2023 年一季度末，扶贫再贷款余额为 1436 亿元。

（三）助力普惠养老

共同富裕是全体人民的全面富裕，养老服务质量提高是实现共同富裕的重要一环。当前我国人口老龄化进入快速发展阶段，对养老服务的刚性需求不断增加，除政策性、市场化的养老服务外，还需要大力发展面向普通人群的普惠型养老服务。

我国设立了普惠养老专项再贷款。2022 年 4 月，中国人民银行、国家发展改革委决定在部分地区开展普惠养老专项再贷款试点工作，支持金融机构向普惠养老服务机构提供优惠利率贷款，降低普惠养老服务机构的融资成本，推动增加普惠养老服务供给，加快健全养老服务体系。普惠养老专项再贷款的支持领域为符合条件的普惠养老机构。普惠养老专项再贷款采取"先贷后借"的直达机制，按季发放。金融机构按市场化原则向符合条件的普惠养老机构发放优惠利率贷款，贷款利率与同期限档次 LPR 大致持平。自 2022 年 4 月 1 日起，金融机构向普惠养老机构发放贷款后，于次季度第一个月向中国人民银行申请普惠养老专项再贷款资金，中国人民银行按贷款本金等额提供再贷款资金支持。普惠养老专项再贷款首批试点额度为 400 亿元，1 年期利率为 1.75%。

第四节　金融监管与共同富裕

金融市场、金融机构与金融监管部门共同构成了金融体系，金融体系跨时空配置资源，服务生产力的发展。但在这一过程中，金融资本追逐利益最大化的行为会让中低收入群体被排斥在金融体系之外，部分金融机构甚至会将不合适的产品提供给消费者，造成潜在的金融风险。从宏观视角看，金融体系在发挥作用的过程中可能会放大资产和禀赋原有的差异，资产价格的波动在其中起到的作用尤为显著。因此，面向共同富裕的金融体系需要金融监管部门通过规章、指引等方式塑造金融机构行为，帮助其建立良好的公司治理体系，增强金融服务的包容性与可及性，降低资产价格波动的负面影响。

一、促进普惠金融发展

众多学者认为，普惠金融有利于缓解贫困、改善收入不平等状况。通过扩大金融服务的覆盖面、可获得性与可承受性，普惠金融带来了经济的包容性增长，深化了劳动分工，带动了就业，推动了技术创新和创业，在一定程度上缓解了贫困，降低了收入分配不平等，对促进共同富裕起到了重要作用。

普惠金融促进了经济包容增长。易纲（2016）指出，普惠金融具有包容性，有助于实现社会公平。研究发现，普惠金融通过直接与间接效应改善贫困和缩小贫富差距，扩大中等收入群体，优化消费结构，提升经济增长韧性，显著提高经济体系包容性。

普惠金融深化了劳动分工，带动了就业。通过为农民和农业企业提供金融支持，实现农民分工与组织化，从而能够发挥规模经济效应，提升生产效率，进而增加收入，同时也为农民等中低收入群体提供了就业机会。

普惠金融推动了技术创新和创业。数字普惠金融通过提高人力资本供给和促进产业升级产生外部需求，间接促进了区域创新。此外，普惠金融发展对创业也具备显著的促进效应，通过缓解居民的金融约束，提升居民的金融能力，激发居民的创业精神，实现创业机会均等化。对低物质资本和低社会资本的家庭而言，这一效果尤为明显。但是，普惠金融的发展很难自发出现，需要监管部门综合考虑市场在资源配置中的决定性作用、共同富裕对金融体系的要求等，以可持续的方式推进。

二、加强金融消费者权益保护

加强金融消费者权益保护，可以通过增加财产性收入、保护居民财产安全、打击掠夺性放贷等方面促进共同富裕。

近年来，我国金融改革持续深入，金融信息化快速发展，居民资产配置需求持续提升，金融新业态、新产品不断涌现，越来越多的金融消费者享受到金融业蓬勃发展的红利。但是，由于我国金融消费者权益保护投入不足，制度体系还有待完善，金融消费者权益保护机构地位、职能、权限等缺乏相应的法律基础（温树英，2019），金融消费纠纷多元化解机制还存在一定缺陷，关于金融投资的负面舆情和恶劣违法犯罪事件时有发生。一方面，对金融业整体形象产生了不良影响；另一方面，也在一定程度上削弱了居民利用金融服务增加财产性收入的信心。

江婕等（2020）研究发现，我国对金融消费者权益保护水平总体较低，对金融消费者权益保护程度的提高会显著激发居民部门投资股票市场的热情，改善其风险资产持有情况，增加其财产性收入。从国际比较看，中国居民的财产性收入占比相较于美国等发达国家依旧偏低，这与中国居民财产性收入来源高度单一、主要依赖存款利息密切相关。如果金融消费环境得到改善，消费者可以更多地尝试多元化的投资，承担适当的风险、获得更高的回报，从而有助于实现共同富裕。

此外，学界普遍认同，加强金融消费者权益保护，有利于使处于弱势地位的消费者获得更多公平享受金融产品和服务的机会，对金融稳定也具有重要意义，也可以更好地保护居民的财产安全。

还需要指出的是，此前随着金融科技的发展，一些机构通过掠夺性放贷，将不合适的信贷产品销售给低风险承担能力者，进一步加剧了低收入人群的困境。具体而言，金融机构和大科技公司可以通过大数据、机器学习等来进行差别定价和歧视定价，在愿出高价者那里获利更多，从而充分攫取消费者剩余，使部分群体承担更高的信贷成本。加强金融消费者权益保护同样可以帮助缓解这一难题。

三、降低资产波动，平衡区域发展

宏观审慎政策旨在影响信贷配置结构及资产价格，影响有房无房群体和地区发展平衡，进而影响共同富裕。

宏观审慎政策可以通过三条途径促进共同富裕。一是宏观审慎监管会通过增加或降低得到信贷支持的难易程度来影响经济体的财富分配，例如加大针对小微企业、农业和科技的再贷款支持力度，就能有效帮助其获得信贷，缓解经济中存在的结构性问题。学术界认为，结构性货币政策工具可以支持中小微企业、薄弱地区和短板行业降低过剩产业的高杠杆，倒逼和引导产业调整（楚尔鸣等，2019）。二是宏观审慎政策会促进金融稳定，避免系统性风险，减少财富积累较少人群面临的冲击，保持更合理的经济增长水平。学术研究指出，住房价格和银行行为的顺周期性会加剧金融体系的脆弱性，通过对贷款价值比提出根据时间变化的逆周期要求，可以进行逆周期调节。从主要国家实践看，宏观审慎政策工具在稳定房价、调控信贷规模等方面都取得了一定的成效。三是住房相关的宏观审慎政策在紧缩时期有助于减缓有房群体和无房群体财富差距的扩大趋势。房产分配不均在一定程度上扩大了中国财富差距，2021 年《中国家庭财富指数调研报告》指出，住房财产对家庭财富增加的贡献率高达 62.5%，因房价上涨而产生的红利不等，也是造成社会财富分配不均的重要原因。

这三条途径中，最直接影响共同富裕的就是针对房地产行业的宏观审慎政策。房地产市场调控可以通过财富分配效应、消费挤出效应、通货膨胀效应、自增强循环效应以及金融加速器效应影响房地产的财富效应，缩小居民收入差距，进而助力实现共同富裕。

第六章

金融支持共同富裕的重点领域

当前，我国已进入扎实推动共同富裕的历史阶段。围绕"扎实推动共同富裕"，习近平总书记提到六大举措：第一，提高发展的平衡性、协调性、包容性；第二，着力扩大中等收入群体规模；第三，促进基本公共服务均等化；第四，加强对高收入的规范和调节；第五，促进人民精神生活共同富裕；第六，促进农民农村共同富裕[1]。金融支持共同富裕应紧密结合上述六大举措，从重点领域着手，进一步加大支持力度。

---

[1] 习近平：《扎实推动共同富裕》，《求是》，2021年第20期。

第一节　金融促进乡村振兴

促进共同富裕，最艰巨、最繁重的任务在农村。为此，要全面推进乡村振兴，加快农业产业化，盘活农村资产，增加农民财产性收入，使更多农村居民勤劳致富。同时，要加强农村基础设施和公共服务体系建设，改善农村人居环境。这些都需要有效发挥金融服务的促进作用。

一、我国金融服务乡村振兴取得重要进展

围绕促进乡村振兴，我国各类农村金融机构创新服务机制，探索有效的支农方式。政策性银行、全国性商业金融机构、地方性中小银行以及保险公司、期货公司等积极创新产品。在此基础上，部分金融机构加强与地方政府合作，进一步改善了金融支农效果。

（一）政策扶持力度持续加大

从中央政策看，金融支持乡村振兴在中央的许多重要文件中被多次提及。相关文件对金融支持乡村振兴的要求在逐年深化。

从 2018 年中央一号文件《中共中央 国务院关于实施乡村振兴战略的意见》，一直到 2023 年中央一号文件《中共中央 国务院关于做好 2023 年全面推进乡村振兴重点工作的意见》，以乡村振兴为重点，中央持续拓宽资金渠道、加大对乡村的财政和金融投入、完善金融服务，出台了一系列旨在深化政策机制改革的举措，对相关领域的金融机构及服务产品提出

了具体要求。要求中国农业银行、中国邮政储蓄银行、国家开发银行和中国农业发展银行回归本源、强化创新。要求推进"保险＋期货""订单农业＋保险＋期货（权）"等试点。要求县域新增贷款主要用于支持乡村振兴。要求地方政府债要安排一定比例资金用于农村人居环境整治、村庄基础设施建设等重点领域。

同时，加强政策激励。对地处县域的金融机构适度扩大支农支小再贷款额度，促进"银保担"风险共担，创新免抵押、免担保、低利率和可持续的产品。通过涉农信用信息数据库共享发展农户小额信用贷款、保单质押贷款、农机具和大棚设施抵押贷款业务，提高农业信贷担保放大倍数，推广地方优势特色农产品保险以奖代补，健全农业再保险制度。

除了落实各项促进政策，还开展金融机构服务乡村振兴考核评估，压实地方政府投入责任，健全政府投资与金融投入、社会投入的联动机制，将符合条件的项目打捆打包，由市场主体实施，要求重点保障粮食安全信贷资金需求。

《国家乡村振兴战略规划（2018—2022 年）》以加大金融支农力度为切入点，从三方面重点落实中央要求。一是围绕健全金融支农组织体系，要求大型银行完善专营机构和中小型银行下沉服务，促进各类金融机构聚焦服务乡村振兴。二是围绕创新产品和服务，推进各类农村产权抵押贷款试点，基于信用信息共享和数字技术发展普惠金融。三是围绕政策激励，落实财政奖补、税收优惠和再贷款、再贴息等优惠政策，并制定金融机构服务乡村振兴考核办法。

（二）金融服务促进乡村产业发展

为促进乡村产业发展，我国从发展地方特色产业、培育龙头企业、拓展农业产业链、发展农村第三产业等角度加大政策扶持力度。支持农业龙头企业带动特色产业，引领农民合作社和家庭农场、普通农户形成农业产业化联合体，促进一二三产业融合发展。例如，2022年中央安排118.7亿元资金发展现代乡村产业体系，新创建50个国家现代农业产业园、40个优势特色产业集群和200个农业产业强镇[①]。

金融机构在促进乡村产业发展方面发挥重要作用。一是加强金融科技应用，推进服务。例如，中国农业银行服务重点从种养殖业拓展到农产品加工、贸易以及农家乐等第二、第三产业；中国建设银行依托金融科技，推出大棚、知识产权、林权、农业机械、养殖设施、活畜等抵押贷款业务；中国邮政储蓄银行发挥体系优势，提供"寄递＋电商＋金融"一揽子金融服务；湖北政府部门与金融机构共建"湖北数字农经网"，包括农经数据资源"一个中心"，农经业务和金融服务"两大平台"，农村土地经营权流转、金融超市服务等"八个系统"，形成共建共享、互查互验渠道。基于大数据技术的惠农信贷服务借助人工智能、图像识别等新技术构建信贷风险管理模型，年服务农户可达3万户，授信可达50亿元。四川基于中央银行再贷款，推出"再贷款＋"服务，包括"再贷款＋小额信贷""再贷款＋产业贷款""再贷款＋示范基地"等。此外，四川还借助移动互联网、大数据分析、人工智能、云计算、物联网、卫星遥感、语言合成、区块链等新技术拓展农村金融服务，提高信贷风险管理水平。

二是各地农村信用合作联社、省农村信用社联合社牵头支农服务。例如，导入微贷管理技术，实施尽职免责，结合统一审批管理，促进对农业、农村进行放贷。将支持乡村振兴信贷业务目标单列，实行差异化考核和薪酬激励政策。同时，加强与地方党委政府的联系协同，探索"政府＋

---

① 数据来源于中华人民共和国中央人民政府网站。

银行＋担保＋保险"联保模式，以及金融机构业务人员在乡村挂职、担任金融村干部等模式，改进金融服务。各地的县级农村信用合作联社、县级农村商业银行等机构围绕当地农村生产生活场景，将金融服务嵌入应用场景中，推进金融服务的智能化升级。浙江农信打造具备"交易管理、链上融资、担保赋能、数据风控"功能的平台，推广以农民专业合作社、农业龙头企业和第三方物流企业为核心的供应链金融服务。江苏开展供应链金融服务平台建设，将区块链、物联网、大数据分析、人工智能等新技术嵌入农产品生产、交易、加工、物流、仓储等环节。

三是相关金融机构加强跨行业的业务合作，共同推进支农服务。例如，大连商品交易所、郑州商品交易所及相关单位探索"保险＋期货＋银行"等服务模式。一方面，通过期货公司与保险公司的业务合作，帮助农户进入期货市场锁定农产品的未来销售价格，消除潜在的价格波动风险；另一方面，银行根据农业订单为农户授信。浙江完善低收入农户小额信贷风险补偿和分担机制。对贷款损失及时进行风险补偿，政府按约定比例分担损失，包括通过风险分担引入政策性担保机构和保险公司，不让借款人承担风险补偿、担保和保险费用，不要求贷款对象提供反担保。

此外，中央加强财政支持，逐步扩大小麦、水稻和玉米三大粮食的完全成本保险和种植收入保险。通过以奖代补等方式，鼓励各地因地制宜开展地方优势特色农产品保险服务。2022年，农业农村部为此总结了2021年金融支农十大典型案例，包括农业农村部开通新型农业经营主体信贷直通车案例、河北开发上线"裕农通"乡村振兴综合服务平台案例、吉林设立"政银保担"联动支牧联盟案例、江苏全面推进"富农易贷"案例、浙江全面开展农户小额普惠贷款案例、山东深入开展三大主粮作物完全成本保险和收入保险案例、广东设立金融支农联盟案例、广西开发性金融支持一二三产业融合发展案例、贵州设立农业农村现代化发展基金案例、甘肃实施特色产业发展贷款案例等。

与之同时，充分发挥资本市场作用，直接融资成为企业重要融资渠道。企业债权融资的作用持续发挥。2019—2020 年，涉农企业累计发行债务融资工具共计 1.58 万亿元，规模仅次于涉农贷款。企业股权融资发展迅速，2019—2020 年达 174.82 亿元，而 2013—2014 年仅为 17.3 亿元[①]。

总体而言，我国金融服务为促进乡村产业发展发挥了积极作用。农产品供需结构逐步优化，肉蛋奶、水产品等产量持续增加，新型农业经营主体的地位日趋突出，农业生产和服务向品牌化、绿色化、地标化、机械化、科技化和社会化转型，农业产业链向深加工、贸易等高附加值领域拓展，返乡入乡创业创新人员逐年增加，带动了乡村产业特别是农村第三产业发展。

（三）积极探索金融促进农民财产性收入增加的有效途径

农民的财产性收入与农业用地、宅基地、房屋等农村资产的收益相关。从 2017 年开始，我国推进农村集体资产清产核资，明确集体资产所有权，推进经营性资产的股份合作制改革，发展股份经济合作社，保障农民集体资产股份权利。在实践中，因地制宜探索农村集体经济的实现形式[②]。截至 2021 年底，不包括土地等资源性资产，全国镇、村、组三级集体经济组织资产达 8.22 万亿元，其中经营性资产达 3.74 万亿元，村级农村集体经济组织成员达 9.2 亿人。各地推进集体资产的股权化改革，成立成员（代表）大会、理事会、监事会，实行民主管理、集体决策[③]。农业农村部的试点地区正在探索股份合作委托经营、资源合作联合发展、支农项目有偿使用、闲置资产开发盘活、整合资源自主开发、提供土地流转服

---

① 本小节数据来自国务院发展研究中心金融研究所公开的研究报告。

② 详见《中共中央 国务院关于稳步推进农村集体产权制度改革的意见》（2016 年 12 月 26 日发布）。

③ 《发展壮大新型农村集体经济》，《经济日报》，2023 年 3 月 9 日第 15 版。

务、多方协作共同发展、创新股权设置方式等模式。

在传统经营模式下，由于农民生产合作社缺乏有效抵质押物，银行放贷需要合作社理事长等关键社员提供担保，合作社实际上很难从银行机构获得贷款。集体经济组织发展壮大，一方面可增强市场化经营能力，另一方面可依托集体资产改善自身融资条件。各地结合当地实际，因地制宜，探索出"银行＋合作社""银行＋农担＋农村集体经济合作组织""村集体经济组织抵（质）押担保／保证担保""政府＋银行＋担保""再贷款＋新型农村集体经济贷款"等金融服务农村集体经济的途径。例如，据厦门卫视 2022 年 12 月 15 日报道，福建省厦门市湖里区江头街道江村社区股份经济联合社筹集 3000 多万元资金建设商业综合体，在此基础上，以租赁收益权为质押获得授信 1.36 亿元。项目建成后，每年收入有望超过 2500 万元，相当于目前的 4 倍。

（四）金融机构促进农村基础设施建设

加强农村基础设施和公共服务体系建设，促进城乡公共服务均等化和城乡一体化发展，改善农村人居环境，是我国农村的投资重点。《乡村振兴战略规划（2018—2022 年）》确定交通物流、水利、现代能源和信息化这四个农村基础设施建设的重点领域。在加大财政投入的同时，政策性银行等金融机构发挥促进作用。

例如，2021 年国家开发银行对接《农村人居环境整治提升五年行动方案》，开展"百县千亿"专项金融服务，授信贷款达 1500 亿元；针对农村公路、电网等基础设施短板，发放农村基础设施贷款 1468 亿元，贷款余额 1.15 万亿元。同时，国家开发银行编制"十四五"乡村振兴建设项目 2060 个，融资需求合计 1.9 万亿元。中国农业发展银行于 2021 年投放基础设施贷款 8940.22 亿元，服务城乡融合发展和农村现代化建设，涵盖乡村建设、城乡融合发展、水利建设等关键领域 [①]。

二、金融服务乡村振兴面临的问题

我国金融体系围绕促进乡村振兴进行了广泛探索创新，取得诸多重要进展。同时也需要看到，我国农村金融服务与发达国家相比，仍存在明显差距；与我国推进乡村振兴、实现共同富裕的战略目标相比，还存在诸多需要改进的地方。这些既与我国农业农村发展的阶段性特点相关，也与我国农村金融服务的发展进程相关。

（一）农业生产合作及信用互助的规模化有待进一步提升

农村产业要促进共同富裕，自身要具有市场竞争优势，规模是关键。缺乏必要的规模基础，会导致其对财政补贴的依赖。农业生产规模化程度不足，也会影响相应的金融服务效果。金融领域市场竞争对规模效应更为敏感，规模过小的金融机构缺乏商业可持续经营能力，成本效率偏低是关键原因。农业生产合作社规模化程度不足，会导致经济效益差、社员积极性不足、抗风险能力弱等一系列问题。

我国农村产业经营，主要以行政村或自然村为基础发展集体经济。到2020年，我国农业劳动者数量已减少至 1.77 亿人 [②]，按 51.5 万个行政村 [③]、224.4 万家合作社 [④]（根据农业农村部披露的信息，带动全国半数农户）计算，平均每个行政村有农业劳动者 344 人，平均每家合作社有社员 40 人，

---

① 张承惠等：《中国农村金融发展报告 2021》，中国发展出版社，2023。
② 朱光磊、裴新伟：《中国农民规模问题的不同判断、认知误区与治理优化》，《北京师范大学学报（社会科学版）》，2021 年第 6 期。
③ 2019 年统计数据。
④ 浙大卡特—企研中国涉农研究数据库（CCAD）2022 年统计数据。

规模效应尚不明显。这种格局导致合作社内部的信用合作成本效率不高，影响商业可持续发展。相比之下，德国赖夫艾森农业合作社集团共有 1729 家成员合作社。其中，平均每家乳制品类合作社有社员 399 名，平均每家牲畜与肉类合作社有社员 1613 名，平均每家供销合作社有社员 307 名，平均每家供销信用合作社有社员 1.67 万名[①]。德国家庭农场的平均规模在持续提升，1990 年为 18 公顷，现阶段已达 55.8 公顷；欧洲其他国家情况类似[②]。

（二）农村合作金融有待进一步发展

信用合作是"三位一体"合作经济的重要组成部分。从 2012 年到 2021 年，中央一号文件多次强调要发展新型农村合作金融，尤其是要发展农民专业合作社内部的信用互助。为此，国内多个省份开展了试点工作。从现实看，一方面，县级农村信用合作联社大量改制为农村商业银行；另一方面，以农民专业合作社内部的信用互助为重点的试点面临现实障碍。农村合作金融发展有待突破。

从试点情况反馈看，农村合作金融主要面临以下障碍。一是基层相关方的积极性有待提高，一些试点单位没有开展实质性互助业务。二是农村合作金融机构信用互助的市场化竞争力有待提高，表现为互助业务成长性不足、业务量有限，无法与商业银行竞争。

从治理机制层面看，农村合作金融主要应从以下三个方面加以改进。

一是兼顾风险防控与业务发展。基层合作社一般缺乏专业风险管理人员，这与商业银行存在很大不同。同时，有相当数量的合作社存在少数人主导现象，民主治理机制相对薄弱，且主导者往往是出资比例较高的成员。这两方面因素叠加，容易导致信用互助业务的风险管理失控。一

---

① 详见赖夫艾森农业合作社集团的官方网站。
② 如现阶段瑞典家庭农场的平均规模为 46 公顷，法国家庭农场的平均规模为 42 公顷。

且风险外溢，会造成不良社会影响。在以往的其他农村基层资金互助组织中，这类情况较多见。为此，合作社内部信用互助业务的试点地区采取了严格管理制度，如进行业务流程和资金管理。从实际效果看，兼顾风险防控与业务发展，避免"一管就死、一放就乱"现象，仍需要在实践中进一步探索。

二是提升服务能力，形成比商业银行更强的竞争力，或者提供商业银行所不能提供的服务。否则，社员还是会被商业银行吸引，参与信用互助业务的积极性不高。从试点情况看，资金互助的社员参与度、业务规模等指标有较大提升空间。例如，合作社社员经营具有同质性，在农忙季节，大家都需要流动资金；而农闲季节，资金闲置的情况又比较普遍。这种格局影响信用互助业务的支农服务能力，也影响社员参与的积极性。此外，与社员人数、资金需求相比，信用互助的资金规模相对偏小，管理制度严格意味着资金申请的程序较多，这些与社员的实际需求存在差距，也影响社员参与的积极性。

三是提高成本效率。金融服务存在规模效应，在同样流程下，单笔业务成本相近，因而单笔业务规模越小，成本效率就越低。同时，合作社内部的信用互助业务的专业化人员不足，业务效率总体偏低。这导致信用互助金融机构与商业银行相比，缺乏成本效率优势。

（三）农业产业链信息整合不足

正因为农业经营主体的合格抵质押物不足，且其抵质押物面临处置变现难等问题，客户第一还款来源至关重要。控制信贷风险的关键，是根据客户的真实收入进行授信。因此，一方面，需要降低农业经营风险，从源头防范农业信贷的信用风险；另一方面，涉农银行需要掌握农业客户信用信息，有效判断客户还款能力和现金流风险点。除了客户生产经营数据，农业产业链上下游客户交易数据和农产品市场价格变化趋势对评估客户还款能力及现金流风险也至关重要。

从一般规律看，银行加强农业产业链信息整合的途径主要有两方面。一是与上下游商户合作，采集客户相关交易数据；同时，采用卫星遥感、气象预测、水文调查等科技手段分析农作物产量及市场价格变化趋势。整合这些数据，有助于更好评估客户收入及潜在风险。二是通过综合合作，从农业生产、技术辅导、生产加工、市场营销等方面掌握客户生产经营数据。这种模式有助于通过合作经济的组织联合与综合服务支持，降低农户的生产经营风险。

从我国情况看，农业产业链数据分散在不同领域，缺乏必要整合。例如，在不少地方，银行机构无法掌握农业生产经营主体的纳税情况。此外，由于农产品仓储管理等关键环节的信息共享机制不健全，影响仓单质押等业务发展。银行与农业客户上下游商家合作的信息共享机制也面临诸多障碍。从农村生产、信用、供销合作"三位一体"综合合作情况看，一些地方的信息共享也面临内部障碍。例如，一些地方生产合作的内部信用互助较弱，影响综合合作及相关业务。从数字技术发展进程看，上述局面的技术问题容易解决，其中的难点是如何理顺体制机制，包括如何突破"信息孤岛"格局，促进共享。

（四）农村资产经营的市场竞争优势有待提升

解决乡村产业经营的融资问题，最终取决于投资回报。如果农业经营的效益偏差、风险偏高，即使有合格抵质押物，也缺乏长期生存能力，意味着信用风险偏高，因而不容易从银行获得稳定的融资。提升市场竞争优势是关键。除了通过劳动联合、组织再联合形成规模优势，还需要在内部治理方面走市场化发展道路。例如，配备专业经营团队，完善风险监测机制，以提升市场竞争优势为导向优化内部资源配置。

现阶段，我国村级农业经营主体规模化与市场化竞争力问题相互影响。例如，村级合作经济组织规模化不足、收入有限，难以配备足够专业人才，而这又反过来影响农业经营的效益。从国际经验教训看，发展中国家的合作经济组织规模不经济，收入不足以聘请合适的经理人，而合作社成员的商业素质无法与经验丰富、渠道广泛的经理人匹敌，如经理人更可能联系到资金雄厚、历史悠久的经销商和批发商。

从长期看，我国农业经营主体只有提升市场竞争优势，特别是形成独特的核心竞争优势，包括提升农村集体经济组织的核心竞争力，才能为农村地区的共同富裕提供战略保障。

三、金融进一步促进乡村振兴的思路

（一）融入农业农村数字化进程

根据《数字农业农村发展规划（2019—2025年）》，我国将逐步加快农业农村生产经营和管理服务数字化改造，推动政府信息和公共数据互联开放共享，以数字化引领驱动农业农村现代化进程，为乡村振兴提供支撑。这有助于整合公共部门和各类农业经营主体的信息，改进农村金融服务的风险管理，缓解信息不对称所导致的融资难、融资贵问题。

建议以金融科技为依托，将农村金融服务嵌入农业农村生产生活的数字化转型场景，降低获客成本，增强金融服务便利性。加强政银合作，推进在线金融服务与电子政务、公共服务融合，包括借助政府信息和公共数据改进客户信用评估，促进信贷投放。发挥金融服务的综合带动作用，以金融科技创新促进综合服务，配套提供财务规划咨询、生产经营辅导等服务，以增值服务增强客户忠诚度，深入了解客户生产经营状况及现金流的潜在风险点，更好控制信用风险。

（二）促进合作经济规模化发展

顺应国际合作经济发展的规模化发展趋势，通过组织再联合，突破村级范围合作规模局限。以乡镇为单位，推进专业生产合作组织的再联合；以县域为单位，支持综合合作业务发展。在此基础上，进一步探索专业生产合作组织的县域范围组织再联合，以规模化促进专业化经营，在联合体配备专业的经营团队，提升市场竞争优势。鼓励全省范围的综合合作，发展消费合作，减少交易环节，促进供需直接对接，提升成本效率，形成核心竞争优势。

在此过程中，完善风险内控机制，提升生产合作社内部开展信用合作的服务能力，提升成本效率，促使其形成商业可持续发展能力。探索金融机构以合作经济组织的联合体、综合合作业务为依托，提供融资服务。例如，依托股份经济合作社的集体资产以及合作经济组织联合体内部处置变现机制，通过联合体担保，为合作社提供融资，合作社向联合体提供动产和不动产反担保。

（三）加强与农业产业链上下游客户合作

一是完善围绕农业产业链的金融服务机制，为农业生产经营主体的运输、物流、仓储、贸易等上下游合作商家提供金融服务，通过整合上下游交易数据，发挥其增信功能，提高客户信用等级评估的准确性。通过形成上下游客户共同参与的闭环合作机制，提升风险管控效能，并拓展金融服务覆盖面。

二是加强与基层政府合作，结合农村基础设施建设等工作，提升金融服务。例如，结合农产品仓储设施标准化建设，促进规范化运行和监督，并推出仓单质押授信等业务。

三是依托政府涉农综合服务平台整合相关信息，改进金融服务。例如，农业生产的上下游企业共同加入政府综合服务平台，实现信息共享。金融机构据此提供信贷、保险等服务。

（四）顺应农业农村现代化推进金融服务

根据《"十四五"推进农业农村现代化规划》，我国将推进农业全产业链开发，以推动农业从生产向加工、流通等高增值环节拓展，提高农民技能素质，并通过乡村建设改善人居环境和生态环境，健全乡村治理体系。

建议保险等行业的金融机构加强与气象、农产品监测预警、生产安全等部门合作，增强农业风险管理能力。农村银行加强与农业科技应用、社会化专业化服务组织合作，培育壮大家庭农场等新兴经营主体；大型商业银行依托基层政府，加强与乡村产业园区、加工园区、物流节点等合作，满足仓储保鲜冷链物流网络融资需求，促进农业全产业链发展，支持利用农村电子商务促进农产品进城；地方性银行与地方政府、高校等单位合作，为优势明显、有发展前景的返乡创业人员提供信贷支持。

（五）促进各方面支农的战略协同

围绕支农目标，加强信息资源共享，促进业务流程相互衔接；相互借鉴有效经验模式，促进各方互补合作。一是促进银行、保险公司、担保公司、期货公司、融资租赁公司、保理公司等各类金融机构功能互补、业务对接，更好管理农业生产、加工、流通等环节的风险，促使资金融通。二是加强政府与金融机构的信息共享和风险分担，降低银行机构的信息不对称，促使银行改善涉农信贷风险管理。三是通过基层政府、金融机构、农业社会服务组织、农业产业链各环节企业等互补合作，依托政府综合服务平台，促进服务互补、信息共享和联合助农，形成战略协同效应，提升支农服务效果。

第二节　金融支持居民住房需求

习近平总书记在论述扎实推动共同富裕时明确提出，要促进基本公共服务均等化。要租购并举，因城施策，完善长租房政策，扩大保障性租赁住房供给，重点解决好新市民住房问题①。结合我国房地产市场发展进程，金融体系可以发挥促进作用。

一、城乡居民住宅拥有现状及租赁需求发展趋势

我国城乡居民家庭住房拥有率（拥有住房的家庭占全部家庭的比例）超过 90%，而发达国家住房自有率普遍低于 70%。与之同时，我国城市化进程正在持续，流动人口规模长期持续上升，使人口流入城市面临结构性住房需求，包括在高房价背景下形成对集体宿舍、单身公寓和小户型住宅的租赁需求。

（一）我国居民家庭住房拥有率在国际上处于较高水平

我国居民的住房拥有率处于较高水平。例如，西南财经大学根据2017 年中国家庭金融调查（CHFS）数据，发现我国家庭的住房拥有率为 92.8%，其中城镇家庭住房拥有率为 90.2%，农村家庭住房拥有率为97.2%，与 2013 年和 2015 年相比，呈稳步上升趋势。中国人民银行 2019

① 习近平：《扎实推动共同富裕》，《求是》，2021 年第 20 期。

年调查统计① 发现，我国城镇居民住房拥有率达到 96.0%。从国际看，德国家庭 2018 年住房自有率为 46.5%②。英国家庭的住房自有率在 2001 年曾达到 69%，到 2021 年下滑到 62.5%③。美国家庭 2019 年底的住房自有率为 65.1%④。相比之下，我国居民家庭的住房拥有率处于较高水平。

（二）城市化进程催生我国城市家庭房屋租赁需求

根据国家统计局公布的《中国人口普查年鉴 2020》，我国 25.57% 的城市家庭租房居住。租房比例高的省市有广东、西藏、福建、浙江、海南、上海和北京。其中，广东省租房家庭占 55.35%。从发展趋势看，根据第五次、第六次人口普查数据⑤，2000 年我国城市家庭住房租赁比例为 20.55%，2010 年为 21.05%。2000 年、2010 年、2020 年，我国城市化比例分别为 36.2%、47.5%、63.9%。总体看，从 2000 年到 2010 年，我国城镇化水平提升了 11.3 个百分点，城市家庭房屋租赁比例仅提升 0.5 个百分点。但从 2010 年到 2020 年，我国城镇化水平提升了 13.4 个百分点，而城市家庭房屋租赁比例提升了 4.52 个百分点，城市化对城市家庭房屋租赁需求的带动作用明显增强。

尽管我国居民家庭住房拥有率处于较高水平，但城市化推动农村居民到城镇定居，形成了新的家庭房屋需求。在房价尚处于购买能力范围内情况下，新市民倾向于购买房屋居住。但随着房价持续上涨，新市民购房难度增大，房屋租赁需求也随之上升。从我国房价上涨过程看，从 2009 年到 2020 年，我国房价总体经历了较快增长过程，购房难度在逐步

---

① 中国人民银行调查统计司城镇居民家庭资产负债调查课题组于 2019 年 10 月中下旬在 30 个省（自治区、直辖市）对 3 万余户城镇居民家庭开展了资产负债情况调查。
② 德国联邦统计局数据。
③ 英国国家统计局数据。
④ 美国 2019 年第四季度人口普查数据。
⑤ 包括租赁廉租住房和租赁其他住房两项。

增大。这可以解释从 2010 年到 2020 年我国城市家庭租赁比例明显上升的原因。

发达国家城市化水平一般超过 80%。总体而言，我国城市化水平还存在一定提升空间。随着我国城市化水平进一步提升，而城市房价总体仍处于相对较高水平，城市家庭房屋的租赁需求还将进一步上升，在房价相对较高的大中城市尤其如此。

（三）我国流动人口长期上升推动房屋租赁需求增加

根据第七次人口普查公报，全国人户分离人口为 4.9 亿人，比 2010 年增长 88.52%。其中，市辖区内人户分离人口 [①] 为 1.2 亿人，比 2010 年增长 192.66%，流动人口为 3.8 亿人，比 2010 年增长 69.3%。人户分离和流动人口意味着潜在的房屋租赁需求，在房价处于高位的背景下尤其如此，房屋租赁需求有待得到更好满足。

从长期看，我国产业结构整体处于逐步升级过程中，生产力布局也处于逐步优化进程中。东部与中部、西部及东北地区之间的跨地区劳动力流动日趋频繁，带动人口大规模流动。劳动力向东部流动的趋势明显。2020 年，我国东部地区人口比重为 39.93%，比 2010 年上升 2.15 个百分点。与之同时，省内人口流动加速。2020 年我国省内流动人口达 2.51 亿人，比 2010 年增加 1.15 亿人。这种就业带动人口大规模流动的房屋租赁需求有其自身特殊性。例如，赴外地打工人员不迁户口，很少带子女。2020 年，我国户籍人口的城镇化率为 45.4%，而常住人口城镇化率为 63.89%，两者相差 18.49 个百分点。因此，赴外地打工人员房屋租赁需求与集体宿舍或单身公寓有更大相关性，潜在市场规模很大。

---

① 市辖区内人户分离人口是指一个直辖市或地级市所辖的区内和区与区之间，居住地和户口登记地不在同一乡镇街道的人口。

随着收入水平提高，外出务工人员特别是白领对居住条件的要求在逐步提高，包括要求租赁的房屋具备独立卫生设施，但又要经济实惠，等等。

这种趋势对现有房地产租赁市场供给提出了更高要求。例如，根据中国人民银行 2019 年调查数据，我国 31.0% 家庭有两套住房，10.5% 家庭有三套及以上住房，户均拥有住房 1.5 套。但是，现有普通家庭套房与单身公寓在功能上存在差异，这意味着盘活存量住房面临障碍。例如，普通家庭住房并未为每个房间配备卫生设施，且普通家庭套房不适合改造成人数较多的传统集体宿舍，否则会影响邻居正常生活。

二、住房保障政策供给力度加大

在扎实推进共同富裕的背景下，我国住房保障政策供给力度加大，表现为政策的定位提升、资源整合力度加大、市场化程度提高、金融支持力度加强。

（一）定位提升

我国把基本公共服务均等化作为推进共同富裕的重要任务，强调普惠性，而住房保障是基本公共服务均等化的关键内容。2021 年 8 月，中央财经委员会第十次会议围绕促进基本公共服务均等化，强调要完善住房供应和保障体系；《国务院办公厅关于加快发展保障性租赁住房的意见》（国办发〔2021〕22 号，以下简称 22 号文），强调要突出住房的民生属性，要努力实现全体人民住有所居。

住房保障成为扎实推进共同富裕这一国家战略的重要任务之一，相关政策的定位明显提高。住房保障工作不仅是推进共同富裕这一国家战略的抓手，也是中国特色社会主义基本公共服务的发展重点，超越了传统聚焦少数困难群体的格局。同时，国务院办公厅关于保障性租赁住房的文件重申党的十九大报告关于让全体人民住有所居的要求，也为落实住房保障政策明确了方向，即面向全体人民，包括新市民、青年人等群体。同时，22 号文把工作的切入点放到人口净流入的大城市和省级政府确定的城市，工作重点明确。这是对我国城市化进程加速、流动人口规模上升等问题的针对性回应。

（二）资源整合力度加大

保障性租赁住房主要解决符合条件的新市民、青年人等群体的住房困难问题。这部分群体量大面广。例如，2020 年，我国仅流动人口规模就已达 3.8 亿人，且仍处于上升过程中，再加上青年人，保障对象范围更大。

为此，22 号文强调，利用集体经营性建设用地、企事业单位自有闲置土地、产业园区配套用地和存量闲置房屋建设，适当利用新供应国有建设用地建设，并合理配套商业服务设施；因城施策，采取新建、改建、改造、租赁补贴和将政府的闲置住房用作保障性租赁住房等多种方式，切实增加供给。这一思路强调挖掘、整合、利用现有资源，促进保障房供给。

具体政策旨在分类促进土地和房产资源利用。一是重点利用城区、靠近产业园区或交通便利区域的集体经营性建设用地。二是支持利用企事业单位闲置土地，用于建设保障性租赁住房时变更土地用途无须补缴土地价款。三是提高产业园区办公及生活用地面积比例上限，由 7% 提高到 15%，鼓励建设宿舍型保障性租赁住房。四是鼓励商业办公、旅馆、厂房、仓储、科研教育等房屋改建为保障性租赁住房，不变更土地使用性质，不补缴土地价款。五是提高住宅用地的保障性租赁住房比例，优先在产业园区及周边、轨道交通站点附近、城市建设重点片区、地铁等区域建造住房。

总体而言，住房保障政策考虑人口流动及就业规律，也综合考量了我国存量土地、各类非住宅房屋的资源分布结构，充分整合现有资源，促进保障性租赁住房的供需匹配，配套的财税激励政策针对性强，有助于降低运营成本。

（三）市场化程度提高

为缓解住房租赁市场结构性供给不足问题，我国强调要推动建立多主体供给、多渠道保障、租购并举的住房制度。要落实这一思路，调动社会积极性，吸收社会力量参与，提高建设运营的市场化程度是关键。

从具体政策导向看，相关的市场化激励机制很明确。一是支持农村集体经济组织通过自建或联营、入股等建设运营保障性租赁住房，相关建设用地使用权可以办理抵押贷款。二是允许企事业单位等土地使用权人自建或与其他市场主体合作建设运营保障性租赁住房。三是以出让、租赁或划拨等方式供应保障性租赁住房用地、出让价款分期收取，以降低建设成本，同时规定房屋租赁价格及调整方式，以降低租赁价格。

与之同时，我国还推出配套降低运营成本的激励政策，包括提供中央补助资金，提供房产税、增值税等优惠政策，免收城市基础设施配套费，保障房用水、用电、用气价格按居民标准执行，等等。

（四）金融支持力度加强

配套金融支持的导向很明确，包括加大间接融资的信贷支持，支持直接融资的债券发行。一是加大信贷支持力度。支持银行按商业原则，面向保障房持有者提供长期贷款，包括向住房租赁企业提供贷款，并予以差别化对待。二是支持将金融债、企业债、公司债、非金融企业债务融资工具等用于保障房建设运营。支持抵押有现金流的物业作为增信，发行住房租赁担保债券。此外，还鼓励能提供长期资金支持的保险资金参与保障房建设。

三、金融服务的环境有待进一步完善

从发展趋势及国际经验看，在居民住房拥有率较高的情况下，盘活市场上存量住房是增加住房供给的重要途径，也有利于减轻建设保障房的财政压力。从我国现实看，当前存在一些需要解决的问题。其中，市场化的长租房经营模式有待优化，特别是包租模式潜在风控机制有待进一步完善，导致金融支持的正面效应难以充分发挥。同时，住房和城乡建设部（简称住建部）要求保障房实行低租金，在实践中有待各地进一步落实。此外，在地方财政压力增大背景下，如何增加保障房供给，包括如何利用社会存量房资源增加保障性住房供给，也是需要研究的现实问题。解决好这些问题，需要金融体系资源配置、风险管理、融资服务等有机结合。

（一）长租房交易环节增加导致成本和风险上升，租金上涨

长租房供给属于市场行为。我国一度流行包租模式，由房屋中介机构或专营机构收租业主房源，统一改装成白领公寓，包括进行基础装修和配备家电家具，其主要盈利来源为房屋租金价差。与经营方持有物业或托管模式相比，包租模式增加了交易环节，存在两次租赁过程。增加交易环节意味着预付房租要占用资金，中介经营机构适应租金波动的能力相对较弱，容易出现经营亏损。经营这类包租业务的机构往往是房地产中介，但包租业务并不是传统居间业务，而是自营业务，其风控机制与中介机构传统居间业务存在本质差异。这往往被中介机构忽视，对风险的监督难度也较大。例

如，包租业务监管涉及客户资金管理，需要金融监管机构拥有较多的监管经验和成熟的监管机制，但房地产中介机构一般由工商部门监管，效果不尽如人意。

此外，交易环节增加意味着交易成本增加，最终反映为产品价格上涨。包租业务预付的租金需要考虑投资回报，包括风险溢价，而包租业务的风险偏高，这必然推高出租房的租金。

因此，即使包租公司能获得市场化融资，例如通过资本市场获得大额融资，也会增大其经营风险。中介公司花巨资大量包租房屋，而经营成本和风险并未因此得到有效降低，仍然缺乏核心竞争优势。一旦市场租金下滑，中介公司往往难以为继。再加上预收客户资金缺乏规范监督，容易出现挪用问题，影响包租业务的可持续性。一些中介机构经营的长租公寓项目爆雷，反映出这种模式的内在风险。

（二）各地保障性租赁住房政策有待深化落实

自 2021 年以来，我国把保障性租赁住房供给作为解决大城市住房突出问题的切入点，主要面向存在住房困难的新市民、青年人等群体；由政府给予土地、财税、金融等方面的政策支持，以给予集体经营性建设用地、企事业单位自有闲置土地、产业园区配套用地和存量闲置房屋方面政策为主，鼓励人口净流入的大城市积极探索。在保障性租赁住房优惠政策方面，我国除给予变更土地用途免补缴土地价款、提供中央补助、降低税负等激励，还加强金融支持，鼓励银行发放长期贷款和通过各类债券融资，具体由各地因城施策。这些属于政府补贴住房建设。从住建部要求看，政府给予政策支持的条件是保障性租赁住房提供者要提供小户型、低租金的出租房屋①。但从各地出台的政策看，多数在建筑面积上有具体限制，规定保障性租赁住房以不超过 70 平方米的小户型为主；在租金管理上，绝大多数城市只规定应低于同地段同品质的评估租金，并未做出更具体的规定，例如并未明确应低于同类住宅评估租金百分之几。这意味着，只要不高于同类评估租金即算合规。只有上海等个别城市规定长租房租金初次定价在同地段、同品质市场租赁住房租金的九折以下，后续的年涨幅最高不超过 5%。总体看，各地在落实住建部的保障性租赁住房低租金要求方面，存在差距。

（三）公租房建设的财政投入大

我国廉租房与公租房一度分开管理。其中，廉租房的分配形式以租金补贴为主，实物配租和租金减免为辅，其分配对象范围较窄，主要是低保户和一些特定保障对象。廉租房的租赁总年限无具体规定。公租房面向城市中等偏下收入和住房困难家庭，范围大，租赁期限一般不超过 5 年。从 2014 年起，各地公租房和廉租住房并轨运行，统称为公租房。截至2021 年 7 月，我国已经有 1600 多万套公租房，主要面向城镇住房条件差和生活困难的家庭②。生活困难、住房条件差的具体标准由市县政府规定。

在公租房建设及资金筹集过程中，各地面临一些现实问题。主要表现为：投入产出平衡难度大，投资回报率低，难以吸引社会资金投入；单靠政府投入，则地方财政资金的筹集压力大，影响建设进度。随着地方财政压力增大，这些问题表现得更为明显。这对投融资机制及配套金融服务提出了更高的要求，也对我国公租房建设运营机制提出了新的要求。从长期看，我国财政收支压力增大呈常态化趋势，而保障房的需求呈上升趋势，

---

① 详见国务院新闻办公室于 2021 年 7 月 7 日下午 4 时举行的国务院政策例行吹风会内容。
② 根据住建部披露的数据。详见国务院新闻办公室 2021 年 7 月 7 日政策例行吹风会内容。

因而需要进一步提高财政资金使用效率。

（四）人口流向与结构变迁影响房价

我国人口净流出严重的地区，当地房价受到影响较大。值得关注的是，我国部分大城市的人口流动出现重要变化。例如，从 2022 年统计数据看，一线城市常住人口转为净流出，且速度加快；二线城市人口流入速度也在放缓[①]。城市人口从净流入转向净流出或流入速度放缓，会对房价产生潜在影响。

此外，我国人口结构还面临老龄化和低生育率的两大挑战。一方面，人口老龄化导致就业人员总量下降；另一方面，低生育率意味着未来就业人口减少。这两方面对居民的购房能力和购房需求也会产生长期影响。

总体而言，房价变化趋势影响社会资金长期持有物业的意愿。22 号文的土地政策及激励机制重点针对人口净流入的大城市和省级人民政府确定的城市。各地，包括一些人口净流出的地区及城市，围绕贯彻中央精神、推进保障房建设，分别出台了相关政策。根据住建部披露信息，"十四五"时期，初步计划建设筹集保障性租赁住房近 900 万套。总体而言，保障房供给保持增长。在此背景下，商业机构一贯在人口净流出的城区长期持有物业并出租的模式（例如长租房业务），将无法再有较好的收益预期，会导致潜在的资产相对贬值，影响其投资积极性。

因此，政府需要综合考虑人口流动、人口结构的长期演变趋势，结合当地实际，在完善保障性住房租赁政策的同时，为社会资金在长租房等领域改善投资环境，使之具有更大的选择余地，包括长期持有、居间服务等多种模式。

---

① 根据诸葛数据研究中心监测的 100 个重点城市数据。

四、国际经验

从国际经验看，政府对保障房建设提供补贴是常见做法，但一般对低租金有具体管理规定。例如，德国保障房由社会建设，得到政府有力资助，包括长期低息或无息贷款、税收减免等[①]，以市场平均租金的一半为中低收入家庭提供住房。德国社会租赁住房是由政府以政策优惠引导私人开发商建设的，一般约定 30 年维持低租金[②]。在这种情况下租金收入仍能覆盖成本和经营风险，是政府与社会力量经过具体测算之后形成的共识，这种做法也被实践证明是可行的。

此外，在居民家庭住房自有率接近或超过 60% 后，保障房的补贴重点从供给侧向需求侧转移，即从"按砖头补贴"转向"按人头补贴"，有助于避免冲击房地产市场价格，并提高财政运行效率，使低收入家庭切实受益。

例如，1979 年英国居民家庭住房自有率达 55.3%。1976 年，英国对供给方的补贴占 81.9%，对需求方的补贴占 18.1%；到了 2020 年，对供给方的补贴仅占 20.3%，而对需求方的补贴占 79.7%[③]。从 20 世纪 80 年代末开始，英国地方政府提供的保障房数量逐步减少，市场在住房供给中发挥主导作用。例如，1952 年地方政府提供的住房数量为 193260 套，私人企业提供的住房为 34320 套；1990 年，地方政府提供的住房数量为 15686 套，民间住房协会提供的住房数量为 17469 套，私人企业提供的住房为 160635 套；2002 年，地方政府提供的住房为 331 套，民间住房协会提供的住房为

---

① 殷燕：《国际公共住房财政与金融体系实证研究》，北京邮电大学论文，2012 年。

② 谢义维：《主要发达国家住房保障制度及中国的实践研究》，吉林大学论文，2014 年。

③ John Hill，Ends and means: the future roles of social housing in England，ESRC Research Centre for Analysis of Social Exclusion，CASE report 34 ISSN 1465–3001，February 2007.

19554 套，私人企业提供的住房为 151097 套[①]。

20 世纪 80 年代后，法国补贴政策也进行改革，从供方补贴转向需求补贴。低收入家庭可自主在租赁市场上租房并享受政府补贴。

美国居民家庭住房自有率于 20 世纪 60 年代超过 60%。1974 年美国颁布《住房和社区发展法》，其中规定了"租金证明计划"，以"一揽子拨款基金计划"取代原有的"补贴住房建设计划"；在 1987 年提出了更为灵活的"租金优惠券计划"，增加了低收入家庭选择权；在 20 世纪 90 年代推出住房选择优惠券活动[②]。从英、法、美实际情况看，随着保障房建设的财政支出压力增大，政府需要提高住房补贴效率[③]；这种格局促使政府补贴从"按砖头补贴"转向"按人头补贴"。同时，受补贴家庭需要增加租房选择余地。这些情况促使政府推出租金优惠券、住房选择优惠券等模式。接受政府住房补贴者包括低收入家庭、孤寡老人、无家可归者、残疾人等，收入水平一般在平均收入的 50% 以下。美国"租金证明计划"实施效果超出预期，成为住房保障计划的成功案例，受到了供需双方欢迎。该计划在 20 世纪 70 年代约提供了 77 万套保障房，80 年代达到 168 万套，到 1990 年达到 245 万套。这种模式利用了存量房，减少了房产空置，提升了住房保障效率。

---

① 谢义维：《主要发达国家住房保障制度及中国的实践研究》，吉林大学论文，2014 年。

② 住房选择优惠券活动是指低收入群体从地方政府领取住房补贴优惠券，家庭总收入的 25% 用于支付房租，房租超过家庭总收入 1/4 的部分用政府住房优惠券来补充。这给予低收入家庭更大的住房选择权，提高了补贴效率和受补贴人的效用。

③ 每 1 美元的住房补贴为受补贴者所带来的边际价值。

五、金融进一步支持居民住房需求的思路

（一）进一步完善长租房运营机制

长租房基于市场化运营机制，由社会力量主导。从发达国家实施长租房政策的经验教训看，政府指引有助于避免竞争混乱导致的风险积聚、资源浪费和投资损失，存在风险外溢的领域尤其如此。从实践看，包租业务收入要覆盖成本和风险，面临较大不确定性，表现为容易出现"爆雷"。短期资本与长期投资需求的不匹配也加大了风险。为此，要支持长期资本参与运营，包括经营方持有物业，提供配套直接融资支持等。要采取措施使中介机构扬长避短，回归居间本业。例如，改进居间服务，减少房屋出租过程的交易环节，降低成本和风险，避免风险向中介积聚。要引导物业持有方以加盟方式参与长租房运营，让中介机构发挥交易撮合作用，而不是作为交易对手方。要加强自营业务监管，包括客户资金使用，防范客户资金被挪用导致风险外溢。

对于部分房价波动大或人口净流出的城市，针对长租房需求，如果运营主体不愿持有物业，宜为居间租赁业务改善条件，包括推广低风险的经营模式等。

（二）进一步完善公租房政策，直接补贴需求端

从我国政策初衷看，面向少数特殊困难群体的廉租房分配以租金补贴为主，实物配租和租金减免为辅。现阶段我国城镇居民住房拥有率达96.0%，远远超过60%的水平，户均拥有住房1.5套，实行租金补贴的市场条件有利。同时，我国地方财政支出压力趋紧，维持收支平衡难度

增大，政府建设提供实物配租公租房的难度增大。从必要性、可行性看，对新增困难群体支持转向以租金补贴为主，更具现实意义。从国际经验看，这种模式有助于提高财政补贴效率，使困难家庭直接受益，实际效果更好。

在操作环节，为防范个人通过虚假信息套取财政补贴资金，可借鉴国际上行之有效的方式，包括对需求侧的补贴直接支付给注册登记的出租方，规范业务流程，以确保专款专用。通过司法解释等方式，加大对骗取补贴资金行为的法律惩戒力度。完善配套监督机制，包括专业监督、基层组织监督和社会监督等。

（三）进一步完善保障性租赁住房的政策激励与传导机制

我国对保障性租赁住房的新增供给采取多种政策激励机制，包括给予土地供给、税收和融资等多方面支持，与德国等发达国家政策激励机制趋近。但地方层面保障性租赁住房租金管理趋松，一般为不高于市场同类租金，或同类租金打九折，与德国等发达国家为市场平均价一半的租金价格差距较大。为促使租户能在租金上受益，宜推动地方政府部门加强成本测算，在房屋供给方具有合理利润前提下，规范出租房长期租金管理，促使中央关于低租金的政策导向落到实处。

例如，基于转变土地用途及税收减免、中央财政补贴等因素带来的成本降低，地方政府可测算保障性租赁住房建设成本和不同租金水平带来的投资回报，由此根据合宜的投资回报水平确定租金及维持年限；可在借鉴国际经验的基础上，将其纳入公租房运营机制。

（四）支持有潜力、有意愿的中低收入群体居者有其屋

针对有购房潜力和购房意愿的低收入群体，除了完善现有的共有产

权房等政策，还应进一步完善首套房政策机制。例如，针对低收入群体购买小面积住宅，在税收、公积金贷款比例以及利率优惠等方面加大支持力度，有助于提升低收入群体的住宅购买能力，并增大住宅购买的选择余地。从发达国家经验看，这些是行之有效的做法。

同时，对于新市民和青年人购买小面积首套住宅，可在配套政策上给予支持，包括按揭比例、公积金贷款比例、利率条件等。各地政府可具体结合各地特点，以试点方式探索合理有效的激励机制和模式。

（五）盘活存量房，发挥存量房价值

我国住宅市场已转入买方市场，盘活存量有助于统筹房地产政策，优化资源配置。围绕不同收入水平居民的住房需求，应畅通住房供需双方匹配渠道，促进交易，以此提高资源配置效率。一是围绕新市民、青年人等群体的租房需求，完善对房屋业主的税收等政策激励机制，促使存量房进入相应的租赁市场。二是完善相关技术的研发推广。例如，进一步完善小型一体化装配式卫生间，使传统住宅套房单间改装成带卫生间的独立房间，与青年白领的需求相匹配。可同时完善配套金融支持机制，如提供小额装修贷。三是支持传统住宅业主以加盟、独立出租等多种方式进入面向白领的住房租赁市场。完善市场化竞争机制，支持业主加盟多家房屋租赁连锁机构，并促进房屋租赁机构改进自身业务模式，提升服务能力。

第三节　金融支持养老

老年贫困是一国收入或财富不平等的重要体现，是达成共同富裕目标必须攻克的堡垒。我国人口结构具有快速老化、未富先老等突出特点，充分利用金融体系动员储蓄、配置资源、风险管理等职能为应对老龄化社会早做准备，对于优化收入分配、促进共同富裕、缓解老年贫困具有深远意义。为此，我国金融体系应在国家战略指导下，在相关政策保障体系支持下，适当借鉴国际经验，朝着夯实应对人口老龄化的社会财富储备、打造高质量的养老金融产品体系、推动养老服务产业健康发展三个方向持续发力、重点攻关。

一、金融支持养老对促进共同富裕的重要意义

（一）有助于更好应对人口老龄化带来的系统性挑战

根据国家统计局数据，2023 年末我国 60 岁及以上人口 29697 万人，占全国人口的 21.1%，65 岁及以上人口达 21676 万人，占全国人口的 15.4%。这意味着我国正式迈入中度老龄化社会，预计 21 世纪中叶我国将进入重度老龄化社会 ①。

全球许多国家和地区都面临人口老龄化挑战。与之相比，我国人口老

---

① 按照国际标准，一国 60 岁以上人口占总人口的比例达到 10%，或 65 岁以上人口占比达到 7%，即进入老龄化社会；65 岁以上人口比例达到 14%，为中度老龄化社会；65 岁以上人口比例达到 20%，为重度老龄化社会。

龄化具有规模大、速度快、80 岁及以上高龄老人占比高、养老负担持续加重、未富先老问题凸显等突出特点（见表 6-1），老龄化带来的挑战更为艰巨，应对难度也更大。

表 6-1　我国人口老龄化的特点及表现

我国人口老龄化特点	主要表现
规模大	自 1960 年起我国老年人口规模一直占世界银行相关统计榜的首位。截至 2023 年末，我国 60 岁及以上人口超过 2.9 亿人，65 岁及以上人口 21676 万人
速度快	我国由老龄化社会进入中度老龄化社会预计用时不超过 25 年，明显短于主要高收入经济体（法国 126 年、英国 46 年、德国 40 年）
80 岁及以上高龄老人占比高	2020 年中国 80 岁及以上人口（高龄老人）约 3100 万人，占人口比例约 2.26%。未来中国高龄老人占比将以年均 0.26 个百分点的速度上升，2050 年达到 10.31%
养老负担持续加重	1960—2021 年，中国老年人抚养比（老年人口数量／劳动年龄人口数量）从 7.1% 上升至 21.8%，上升幅度约 15 个百分点，但仍高于全球平均约 7 个百分点。联合国预测，我国老年人抚养比在 2035 年将升至 35% 左右
未富先老问题凸显	2023 年我国 65 岁以上老年人占比 15.4%，高于人均 GDP 水平相当国家均值约 4 个百分点。从历史数据看，世界主要国家和地区在类似发展阶段（人均 GDP 12000 至 13000 美元）时，65 岁以上老年人平均占比 10.56%，低于我国 2.5 个百分点

资料来源：作者根据世界银行数据库、国际数据提供商 Statista 数据、国家统计局网站等整理。

人口老龄化将对我国经济社会造成全方位、多角度的冲击，主要体现在四个方面。一是减少劳动力供给，压低潜在经济增长率。二是降低个体生产率，减慢经济转型步伐。三是影响社会活力，弱化创新能力。四是加大社会保障负担，改变资源分配格局。上述冲击将直接或间接对收入分配产生影响。有学者研究显示，从我国历史数据看，老龄化显著增大了我国经济社会中存在的不平等[①]。

为应对老龄化带来的挑战，2019 年 11 月，中共中央、国务院印发《国家积极应对人口老龄化中长期规划》，指出积极应对老龄化的重要意义，提出到 2022 年，我国积极应对人口老龄化的制度框架初步建立；到 2035 年，积极应对人口老龄化的制度安排更加科学有效；到 21 世纪中叶，与社会主义现代化强国相适应的应对人口老龄化制度安排成熟完备。与此同时，这一国家中长期规划从五个方面部署了应对人口老龄化的具体工作任务：夯实应对人口老龄化的社会财富储备、改善人口老龄化背景下的劳动力有效供给、打造高质量的为老服务和产品供给体系、强化应对人口老龄化的科技创新能力以及构建养老、孝老、敬老的社会环境。上述五个方面的工作均离不开金融的支持，这也意味着应对老龄化的国家战略中金融是不可或缺的抓手。例如，金融的动员储蓄和资金配置功能，既有助于养老财富储备的形成和积累，也有助于养老服务机构的发展和壮大；金融的损失分担和风险管理功能，对老年人群解决医疗保健、失能护理等问题至关重要。

（二）有助于针对普遍关切问题精准施策

促进共同富裕涉及三类重点人群：老年人、低收入群体和中等收入群体。对这些群体来说，养老都是重要关切。如果不能解决好养老问题，一个国家将出现严重的老年贫困问题，"老有所养、老有所依"无法实现，也就意味着共同富裕只是空话。

---

① 董志强、魏下海、汤灿晴：《人口老龄化是否加剧收入不平等？——基于中国（1996—2009）的实证研究》，《人口研究》，2012 年 9 月第 5 期，第 94–103 页。

老年贫困是当前世界各国普遍面临的难题，特别是随着寿命的延长，由于养老储备不足等原因，高龄老人陷入贫困的概率也随之提高。以经济合作与发展组织（OECD）数据为例，2023 年 OECD 成员国平均贫困率为 14.2%，其中 66~75 岁人群的贫困率为 12.5%，75 岁以上人群的贫困率[1]则高达 16.6%（见表 6-2）。

表 6-2　2021 年部分 OECD 国家贫困率（%）

国家	贫困率	66~75 岁人群贫困率	75 岁以上人群贫困率
澳大利亚	22.6	19.7	27.0
加拿大	12.1	11.0	13.9
法国	4.4	4.0	4.9
德国	11.0	12.1	9.8
意大利	10.3	10.3	10.4
日本	20.0	16.4	23.9
韩国	40.4	31.4	52.0
英国	13.1	11.0	16.0
美国	22.8	20.1	27.2
OECD 平均	14.2	12.5	16.6

资料来源：OECD，"Pensions at a Glance 2023"。

我国的老年贫困形势同样十分严峻。西南财经大学中国家庭金融调查（CHFS）数据显示，2018 年我国老年人口贫困率为 14.5%，其中农村老年人口贫困率 19.5%。"中国乡村振兴综合调查"（CRRS）2020 年数据表明，我国农村老年人的人均总收入低于农村人口平均水平养老保障和储蓄不足是造成老年贫困的重要原因。数据显示，目前我国已退休人口中领取离退休工资的老年人占 38.2%，享受居民养老保险的老年人占 48.2%，但仍然有 13.6% 的退休老年人口没有享受到离退休工资或是

---

[1]　这里的贫困率指标是指家庭可支配收入低于家庭可支配收入中位数 50% 的人群占比，选用的是 2020 年或最近可获得的数据。

养老金。在老年贫困人口中，未领取离退休工资或养老金的比例则高达约 30%[①]。

金融体系在养老体系建设中能够扮演关键角色，也因而成为解决老年贫困问题的重要工具。在世界银行的多支柱养老框架中，除了第零支柱之外，其他养老支柱金融机构都有不同程度的参与，这对于缓解贫穷人群和一般人群的养老压力有重大意义（见表 6-3）。以我国为例。我国多层次养老保障体系都有金融机构的参与，包括受托投资管理部分基本养老保险基金，以受托人、投资管理人、账户管理人等身份管理企业年金、个人养老金等。金融体系参与养老保障体系建设给缓解老年贫困和促进共同富裕带来莫大好处，包括腾挪出更多财政资金用于集中解决低收入群体和老年人的养老问题；通过获取更高、更稳定回报提高养老储蓄的积累效率，不仅可促进多层次养老保障体系均衡发展，而且能带来更多养老财富储备；增加老年退休收入来源，解决中等收入人群的后顾之忧等。

表 6-3 世界银行多支柱养老金体系的框架和特征

支柱	目标	对贫穷人群的意义	对一般人群的意义	特征	缴费情况	融资来源
第零支柱	减少老年贫困	非常重要	一般重要	退休后就可获得基础养老金待遇	无须缴费	公共财政
第一支柱	减少老年贫困以及平滑消费	非常重要	非常重要	公共养老计划，需要缴费，常采用现收现付制或者部分积累制	缴费	企业、个人缴费

---

① 中国社会帮扶网百家号，《完善保障式扶贫政策 缓解老年人口贫困问题》，2020 年 12 月 11 日。

续表

支柱	目标	对贫穷人群的意义	对一般人群的意义	特征	缴费情况	融资来源
第二支柱	平滑消费和减少老年贫困	非常重要	非常重要	职业养老金或者个人养老金计划，待遇确定性养老金计划或者缴费确定性养老金计划	强制缴费	通过金融市场投资（缴费及其累计的投资收益）
第三支柱	平滑消费	一般重要	非常重要	职业养老金或者个人养老金计划，完全基金积累制，待遇确定性养老金计划或者缴费确定性养老金计划	自愿缴费	通过金融市场投资（缴费及其累计的投资收益）
第四支柱	减少老年贫困，平滑消费	非常重要	一般重要	非正规的社会项目（如家庭支持）、非金融资产（如住房）	自愿缴费	金融或非金融资产

资料来源：作者整理。

二、金融支持养老的三个重点方向

（一）支持养老财富储备增长壮大

只有更多人提前为养老进行资金上的储备，并且每个人拥有的养老资金储备足够多，才可能满足其退休生活所需，使整个社会的老年贫困率维持在较低水平。为此，支持养老财富储备不断增长壮大是共同富裕目标下金融支持养老的首要方向。

1. 我国现状

目前，我国养老财富储备重点来自四个领域：基本养老保险的结余资金、企业年金积累的基金余额、个人养老金积累的余额和全国社保基金理事会管理的储备基金。2022 年统计数据表明，当前基本养老保险贡献的结余资金构成我国养老财富储备的主要来源，而企业（职业）年金、个人养老金等积累的养老财富储备还十分有限（见表 6-4）。

表 6-4　2022 年我国养老财富储备构成

类型	构成		资金来源	参与人数（万人）	累计结余（万亿元）
第一支柱	基本养老保险	城镇职工基本养老保险	单位缴纳比例为 16%，个人 8%	50355	5.7
		城乡居民基本养老保险	由个人缴费、集体补助、政府补贴等构成	54952	1.3
第二支柱	企业年金		企业缴费不超过职工工资总额的 8%，企业和职工个人缴费合计不超过职工工资总额的 12%	3010	2.9
第二支柱	职业年金		单位缴费比例为本单位工资总额的 8%，个人缴费比例为本人缴费工资的 4%	4235	1.3
第三支柱	个人储蓄型养老金和个人商业养老保险		个人自愿参与	—	—
国家储备金	社会保障基金		由中央财政预算拨款、国有资本划转、基金投资收益和以国务院批准的其他方式筹集的资金构成	—	2.9

注：计算各部分占比时仅加总第一、第二、第三支柱累计结余作为基数。
资料来源：人社部、全国社会保障基金理事会。

2. 存在问题

现阶段，我国养老财富储备的问题突出表现在三个方面。

第一个方面是系统地参与养老财富储备的人群占比较低。企业年金和个人养老金是我国居民进行养老财富储备的两大制度依托。由于企业年金设立门槛较高、个人养老金制度落地不久等原因，两大养老制度的覆盖人数较少。截至2021年，我国建立企业年金的企业数量为11.7万家，参与职工2875万人，占劳动年龄人口的比重仅为3.3%。商业养老金融方面，国家金融监督管理总局数据显示，截至2023年一季度末，专属商业养老保险累计保费规模50.8亿元，投保件数42.9万件；养老理财产品共发行51只，累计发行规模1004.9亿元，投资者人数46.7万；特定养老储蓄业务余额336.4亿元，存款人数14.4万。与众多发达国家和部分发展中国家相比（见表6-5），我国养老金第二、第三支柱普及率低，惠及人数少，不仅使得多支柱养老保险体系的众多优势无法凸显，还使得共同富裕目标难以达成。

表 6-5　部分国家积累制养老金计划的覆盖率（%）

国家	第二支柱	第三支柱
德国	54	30
意大利	10.7	13.8
日本	52.5	16.8
美国	48.1	19.8
巴西	2	12
印度尼西亚	0.4	1.6

注：覆盖率指参与人数占工作年龄（15~64岁）人口的比例。
资料来源：OECD，"Pensions at a Glance 2021"。

第二个方面是养老财富储备总量较少。养老财富储备的快速积累既与覆盖率不断提高、缴费额度不断增加有关，也与相关投资运营能够产生良好回报密切相关。我国养老财富储备不仅明显低于发达国家，也低于很多发展中国家。根据 OECD 数据，2022 年我国养老金融资产规模只有4129 亿美元，占 GDP 的比重仅为 2.4%。相比之下，美国养老金融资产规模超过 35 万亿美元，占 GDP 的比重为 137.5%；巴西为 4548 亿美元，占GDP 的比重为 23.9%；即使在印度，养老金融资产占 GDP 的比重也达到10.7%，远高于我国（见表 6–6）。养老财富储备不足的直接结果是我国养老金替代率水平相对较低。21 世纪以来，我国养老金水平虽由最初的人均572 元 / 月连续上涨到 3450 元 / 月，但基本养老金替代率近年来却出现下降趋势，全国平均或不足 50%，距离国际公认较合适的 70%~85% 的替代率还有一定差距。

表 6-6　2022 年末部分国家养老金融资产规模

国家	养老金融资产（亿美元）	占 GDP 的比重（%）
美国	350169	137.5
英国	25615	85.2
加拿大	31264	152.8
荷兰	15412	150.7
澳大利亚	20890	131.4
法国	3063	10.9
日本	12662	30.2
德国	2676	6.5
巴西	4548	23.9
印度	3382	10.7
中国	4129	2.4

注：这里讲的养老金融资产是指雇主养老金计划和个人养老金计划管理的金融资产，不包括养老储备基金管理的资产。

资料来源：OECD，"Pensions at a Glance 2023"。

第三个方面是养老财富储备结构有待优化。

首先是养老财富储备组成结构不合理。养老金第一支柱占比过高，基本养老保险占比超过六成，虽覆盖广，但尚未实现全国统筹且替代率不足；养老金第二支柱占比为30%~40%，民营企业参与意愿低；养老金第三支柱仍在探索中，体量较小。据人社部数据，截至2022年底，个人养老金参加人数1954万，缴费人数613万，总缴费金额142亿元。相比之下，养老储备较丰富、个人养老金制度较完善的美国养老第一支柱、第二支柱、第三支柱之比约为1∶5∶4。

其次是区域和城乡结构上，差距拉大。人口流出区域养老金收不抵支，2021年全国仅7个省级行政区实现了对中央调剂基金的净贡献；2020年农村养老保险人均领取额不足200元/月，与城镇职工基本养老保险人均领取额相差约20倍。

最后是投资结构上，市场化程度低，入市资金少。据统计，我国养老金入市资金体量不到20%，大量养老金只能投向国债和银行定期存款，长期面临贬值压力，养老金投资运营机构缺乏长周期考核机制。发达国家养老储备多配置权益类资产和共同基金，国债和银行定期存款占比不高（见表6-7）。

表 6-7　部分国家养老金资产配置情况（%）

国家	权益类资产和共同基金占比	债券和定期存款占比
瑞典	71.9	25.8
美国	61.5	23.8
德国	57.5	26.0
英国	54.0	33.2

资料来源：OECD 数据库。

3. 发展方向

一是通过优化制度设计、加大政策激励等方式，吸引更多人提前进行养老专项储蓄，推动积累制下的养老金覆盖率显著提升。

二是通过优化投资结构、提供稳健优越的投资回报等方式，推动养老资产规模快速积累壮大。

三是推动企业年金制度的改革和优化。相关措施包括适当降低企业设立年金计划的门槛、引入"自动加入"机制、提高"可携带性"等。

四是推动个人养老金制度的改革和优化。相关措施包括允许退休人群建立个人养老金账户、引入家庭账户和小企业账户、在企业年金和个人养老金制度之间建立衔接机制等。

五是加大财税激励力度。相关措施包括：对低收入人群建立个人养老金账户给予适当财政补贴；建立个人账户养老金最高缴费额度定期调整机制；允许小微企业为员工建立个人养老金账户，一定金额内的企业缴费允许在企业所得税税前抵扣；等等。

（二）建立完善的养老金融产品供给体系

金融支持养老主要是通过提供各类养老金融产品和服务实现的。如果养老金融产品体系具有较高普惠性，则更可能实现金融支持养老和金融促进共同富裕的双赢。

1. 我国现状

2018 年以来，受政策松绑等因素驱动，我国在养老金融产品方面迅速发展，覆盖银行、保险、基金三大行业，推出了养老储蓄存款、养老理财、商业养老保险、养老目标基金等多类产品（见表 6-8）。

2022 年 11 月我国个人养老金制度正式落地后，个人可购买的养老金融产品种类进一步丰富。目前可通过个人养老金账户购买商业养老保险（7款）、公募基金（129 只）、理财产品（50 款）和储蓄存款（12 种）（见图6-1）。同类不同款产品间也存在一定的风险分层，满足不同人群的风险偏好。

表 6-8　我国主要个人养老金融产品情况

行业	产品	基本情况
银行	养老储蓄存款、养老理财产品	过去养老理财产品中投资期限在 1 年以下和 3 年以下的产品数量占比分别为 87% 和 94%，资产投向集中于高流动性、短期固定收益类资产。2020 年监管部门要求，若发行含有"养老"字样的理财产品必须获得监管部门认证。2020 年 2 月 20 日，光大理财首款公募理财产品"阳光金养老 1 号"面向公众正式发售。2021 年 12 月 6 日，工银理财、建信理财、招银理财和光大理财 4 家试点机构首批银行理财产品面向公众正式发售
保险	商业养老年金保险	过去养老年金保险的短期理财属性强，养老属性弱。原保监会于 2015 年出台《人身保险公司保险条款和保险费率管理办法》，于 2017 年出台《关于规范人身保险公司产品开发设计行为的通知》等，对商业养老年金保险产品进行了规范。2022 年，我国商业养老年金保险保费收入 642 亿元，保单 2252 万件，责任准备金 6659 亿元
	老年人住房反向抵押保险	2014 年 6 月原保监会发布《关于开展老年人住房反向抵押养老保险试点的指导意见》，该文件于 2018 年全面推行。截至 2019 年 9 月末，反向抵押保险期末有效保单共有 129 件，共 129 户家庭 191 位老人参保，参保老人平均年龄 71 岁
	个人税收递延型商业养老保险	2018 年 4 月财政部等五部门发布《关于开展个人税收递延型商业养老保险试点的通知》，自 2018 年 5 月 1 日起在上海市、福建省（含厦门市）和苏州工业园区开展试点。截至 2020 年底共有 23 家保险公司参与试点，19 家公司出单，累计实现保费收入 4.3 亿元，参保人数 4.9 万人
	专属商业养老保险	2021 年 5 月原银保监会印发《关于开展专属商业养老保险试点的通知》，宣布自 2021 年 6 月 1 日起由 6 家人身保险公司在浙江省（含宁波市）和重庆市开展为期一年的试点
基金	养老目标基金	2018 年 2 月证监会发布《养老目标证券投资基金指引（试行）》，要求养老目标基金应当采用基金中基金形式或中国证监会认可的其他形式运作，定期开放的封闭运作期或投资人最短持有期限不低于 1 年，包括养老目标日期基金、养老目标风险基金两类。截至 2021 年 12 月 7 日，我国养老目标基金达 168 只，封闭期为 1 年、3 年、5 年，规模合计 1115 亿元

资料来源：作者整理。

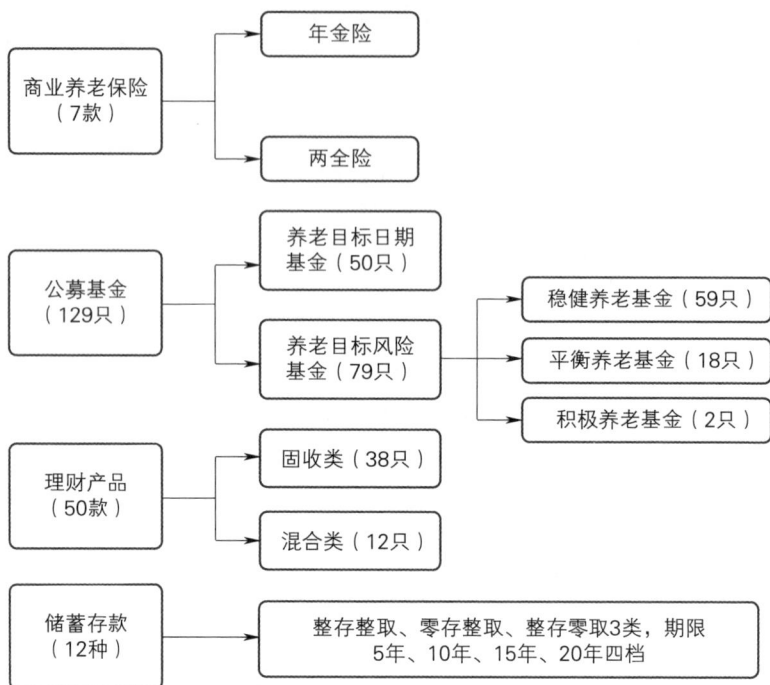

图 6-1　我国个人养老金账户可购买的养老金融产品

资料来源：作者整理。

2. 存在问题

一是适老化金融产品偏少。老年人与青壮年一样有很高的风险管理和财富管理需求，但目前我国金融机构提供的相关产品和服务相对单一，适合临近退休或已退休年龄人群购买的产品偏少。例如，目前我国居民主要通过基金、理财型保险等方式间接投资债券市场。尽管债券市场的品种、期限、收益／风险结构较股票更加丰富，实际上非常适合大众投资，但我国当前占据主流地位的银行间债券市场和交易所债券市场却是以机构投资者或者资金充裕的富裕人群为投资主体，不对普通公众开放；而供普通公众投资的银行柜台债券市场规模很小，居民能直接购买的债券仅包括部分国债、地方政府债券和国家开发银行发行的金融债券等少数品种。在银行理财、保险等领域也存在适宜老年人购买的产品较为稀缺的问题。适老化金融产品偏少不仅使得我国老年人投资渠道狭窄，财富管理需求无法得到充分满足，也推高了老年人遭遇金融诈骗的风险。

二是养老金融产品供给质量偏低。尽管市场上养老金融产品花样繁多，但真正满足养老需求的专门产品相对较少。例如，寿险公司的年金保险与银行、证券等理财产品相比差异不大，养老功能与长期属性仍然不够突出。商业银行的大部分业务仅停留在提供存款和理财等基础金融服务的层面，缺乏创新的金融产品和金融服务，服务内容单一化、同质化，各银行聚焦在对客户个人养老金账户开立的争夺上，仅在具体的营销方式上存在差异。尽管几家大型商业银行都有养老金管理部门，但主要从事企业年金的受托服务，第三支柱相关职能大多散落在各条线，如零售银行部、公司业务部、理财子公司等，内部协同的缺失导致相关职能部门未形成合力，很多养老金融服务供给未能落地。

三是政策保障体系不够完善。例如，2014 年以来北京、上海等城市陆续开展了"以房养老"试点，包括推行倒按揭业务。倒按揭实质是一种基于住房股权开展的养老金融创新，即拥有房屋完全产权的老年人将其房产抵押给金融机构，老人继续拥有房屋占有、使用、收益和经抵押权人同意的处分权，并按照约定条件领取养老保险金直至身故。倒按揭在美国等发达国家已经有数十年历史，尽管属于小众市场，但对于防止特定人群（如无子女、有住房产权但没有充足养老金）陷入老年贫困发挥着积极作用。由于我国"以房养老"缺乏顶层设计和配套政策支持体系，推行中遇到各种供给和需求层面的阻碍，市场还处于零星试点状态，有巨大潜力待挖掘。

3. 发展方向

一是以普惠性为目标打造高质量适老化金融产品体系。重点开发的产品包括但不限于零售债券市场产品、养老年金保险、低佣金或零佣金的相互基金、专供老年人投资的"银发债券"等。

二是建立对个人投资者更加友好的证券发行和交易环境。相关措施包括：信息披露上，将产品说明简洁化、清晰化；风险设计上，可以在产品净值出现一定程度回撤时给予提醒；特殊条款上，允许老年客户在遭遇重大疾病等特定情况下可以提前赎回等。发行和交易环境的优化不仅有助于我国企业以更低的成本、更广泛的资金来源获得融资，还能满足公众以更好价格、更稳定回报投资固定收益金融产品的需要。

三是改善监管环境。相关措施包括为养老金融产品提供监管政策指引，建立专门的养老金融产品监管、信息披露框架，明确产品设计、销售、运作等方面的规范和要求，保障产品的合规性和风险可控性。引导和监督银行机构进一步完善制度流程，健全增信措施，优化产品和服务模式，推出符合养老产业发展需求的金融产品。建立审批通道或简化程序，降低创新产品的准入门槛。加强监测排查和预警提示，切实维护老年人合法权益。

四是强化政策保障。通过加大财税支持力度、强化顶层设计等方式为养老金融产品创新提供更加友好的环境。

（三）支持养老服务产业健康发展

当前我国养老格局可以用"9073"来描述，即90%的老人选择居家养老，7%的老人选择社区养老，3%的老人选择机构养老。金融体系的支持范围应该涵盖从养老社区建设、社区照料中心到专业养老服务机构的各个层面。

1. 我国养老服务产业现状

近年来，我国养老服务产业快速发展，形成了涵盖养老照护服务、老年医疗卫生服务、老年社会保障、养老教育培训、养老科技等领域在内的综合服务体系。金融体系通过多种方式支持养老服务产业发展，其中较具代表性的形式包括三种。

一是直接投资建设现代化养老社区。自 2007 年开始，我国主要保险公司开始在各大中型城市投资建设养老社区。总体上，保险公司投资模式以重资产为主，采取独立或合作开发模式，已取得初步成效。以泰康人寿为例，其已在北京、上海、广州、三亚、苏州等 27 个重要城市布局连锁医养社区和康复医院。其中，北京、上海、广州等 7 地社区及配建康复医院已正式投入运营（见表 6-9）。

表 6-9 我国主要保险公司投资建设的养老社区

保险公司	养老社区	参与模式	网点规划	入住门槛
泰康人寿	泰康之家	重资产独立开发	北京、沈阳、天津、武汉、长沙、郑州、杭州、上海、广州、苏州、南昌、厦门、宁波、合肥、青岛、福州、温州、济南、三亚、南宁、深圳、成都、哈尔滨、重庆、南京	200 万元起
中国人寿	国寿嘉园	重资产合作开发	北京、天津、苏州、三亚、深圳	200 万元起
太平人寿	梧桐人家	重资产独立开发及与第三方合作	北京、上海、合肥、青岛、三亚、苏州、杭州、广州、昆明	120 万~150 万元起
太平洋人寿	太保家园	重资产	成都、武汉、上海、大理、南京、厦门、杭州	200 万元起
平安人寿	平安颐年城	重资产	浙江桐乡、深圳、北京、广州	1000 万元起
阳光人寿	阳光人家	重资产独立开发	广州	100 万元起
新华人寿	新华家园	重资产	北京、海南博鳌	200 万元起

续表

保险公司	养老社区	参与模式	网点规划	入住门槛
招商仁和	仁和颐家	重资产独立开发	广州、深圳	30万元起
君康人寿	君康年华	重资产	北京、上海	200万元起

资料来源：作者整理。

二是为老旧小区改造提供融资。近年来，我国各地采取积极措施引入社会资本参与城镇老旧小区改造，其中为旧楼加装电梯、安装无障碍设施等适老化改造是重要内容。金融机构在这一领域扮演着日益重要的角色。例如，2020年，国家开发银行、中国建设银行与5省份9城市签署战略合作协议，承诺在之后5年内共提供4360亿元贷款，重点支持市场力量参与的老旧小区改造。

三是为养老机构提供资金支持。2022年，中国人民银行、国家发展改革委决定开展普惠养老专项再贷款试点工作，引导金融机构向普惠养老机构提供优惠贷款，降低养老机构融资成本。试点金融机构包括国家开发银行、进出口银行、工商银行、农业银行、中国银行、建设银行和交通银行共7家全国性大型银行，试点地区为浙江、江苏、河南、河北、江西5个省份。普惠养老专项再贷款试点额度为400亿元，利率为1.75%，期限1年，可展期两次。

2. 我国养老服务产业的待改善之处

一是高端养老服务偏多，普惠性较低。据统计，各主要保险公司投资建设的养老社区中，除招商仁和公司的仁和颐家外，入住门槛均在100万元以上，即至少需要购买该保险公司100万元以上的产品才可入住。其中泰康人寿、中国人寿、新华人寿和君康人寿养老社区入住门槛更是高达200万元（见表6-9）。

二是民营养老服务机构的盈利模式尚不明晰。除保险公司直接投资的养老社区外，还有部分民营养老社区，其盈利模式尚在探索中。部分民营养老社区如北京的东方太阳城、上海的亲和源等采用高收费模式和房地产销售模式，运营依赖土地政策支持，持续盈利能力存疑；北京的太申祥和则在公益性养老服务基础上，依靠经营性服务收费，收费标准相对较低，但面临较大资金压力（见表6-10）。

表 6-10 部分养老社区相关情况

	东方太阳城	太申祥和	亲和源
所在地	北京市顺义区	北京市昌平区	上海市浦东新区
建筑规模	80 万平方米	—	10 万平方米
容纳人数	4000 户	—	1000 人
运营方式或模式	商业房地产开发	使用权销售	会员制休闲养老会所
收费方式	房产销售	会员租金（押金全退）	销售与会员租金（押金有条件退还）
政策支持	有土地政策，无床位政策	有土地政策和床位政策	有土地政策、床位政策和税收政策
缺点	只有一些基础老年人设施，并不涵盖养老看护照顾服务，也没有入住年龄限制	经营管理收费较低，资金压力较大	收费较高，豪华会所和办公楼等高端设施使用率低

资料来源：中国农业银行《养老院投资：长线投资收获稳定回报》。

三是预付型养老机构爆雷事件频发，侵害老年人权益。根据最高人民法院裁判文书网检索结果，2012 年至今，有判决文书的相关案件共 2765 件，其中刑事相关 1200 件，民事相关 1445 件[①]。2016—2021 年，相关案

---

① 还包括少数行政相关及其他案由。

件数量一直维持在高位；2022 年以来虽有下降趋势，但仍值得关注（见表 6-11）。这说明部分养老社区在公益性养老服务基础上，部分预付型养老社区依靠经营性服务收费，收费标准相对较低，但面临资金压力较大。

表 6-11　最高人民法院裁判文书网养老机构爆雷案件相关检索结果

裁判年份	次数	裁判年份	次数
2012	1	2018	359
2013	4	2019	865
2014	40	2020	595
2015	96	2021	290
2016	223	2022	77
2017	204	2023	11

资料来源：作者根据裁判文书网数据整理。

为防止预付型养老机构爆雷，各地也出台了一系列政策措施。2022 年 9 月实施的《湖北省养老机构会员费管理办法（试行）》规定，预收的单个会员费不得超过本机构月均服务收费的 12 倍；2022 年 10 月实施的《河南省养老服务条例》要求更严格，一次性最多只能预收 3 个月的会费，押金数额最多为 1 个月的会费。

3. 发展方向

一是以普惠型养老机构为主导，构建政府主导的广覆盖、可及、多样化的普惠养老服务供给体系。各级政府可根据对本地区普惠养老需求的了解，采取公建公营、公建民营或民建民营的方式，建设普惠型养老机构。新城建设中应规划建设普惠型养老机构，老城区的旧改项目中应增设普惠型养老机构。同时，可以对不再用于工商用途的工厂、商厦、酒店等进行改造，以满足高龄失能老人的养老需求。在此基础上，促进养老企业与金融机构、投资机构、政府部门之间的合作，建立资本合作新机制，通过共同投资、共享资源等方式支持养老产业的发展。

二是提供全方位的政策支持。制定指导目录，引导资金投向优质项目；降低养老项目融资成本；设立担保基金，引入政府性融资担保机构增信支持；制定综合性金融和产业政策，促进合作；建立信息平台促进共享；加强沟通与政策解读；建立评估机制，确保政策有效和可持续。

三是切实保护老年人金融权益。首先，要健全法律体系，在国家层面尽快制定和出台老年人金融消费者保护的专门法律。其次，金融监管部门要切实履行监管职责，压实金融机构主体责任。再次，要畅通维权渠道，不断拓宽老年人金融消费纠纷解决途径，进一步完善金融消费投诉处理机制，形成自行和解、第三方调解、仲裁、诉讼等多元化、便捷化纠纷解决机制。最后，要深入社区、街道开展金融知识和法律知识宣传活动，提高老年人金融风险防范意识，增强其维护自身合法权益的能力。

第四节 进一步发挥金融支持区域协调发展的作用

党的十九大报告指出，中国特色社会主义进入新时代，我国社会主要矛盾已经转化为人民日益增长的美好生活需要和不平衡不充分的发展之间的矛盾。近年来，我国区域协调发展程度不断提高，但与人民日益增长的美好生活需要相比，与实现全体人民共同富裕的目标相比，还存在一定改进空间。党的二十大报告进一步指出，要着力推进城乡融合和区域协调发展，并对如何促进区域协调发展做出一系列重要部署，包括"深入实施区域协调发展战略、区域重大战略、主体功能区战略、新型城镇化战略，优化重大生产力布局，构建优势互补、高质量发展的区域经济布局和国土空间体系"等。在此过程中，金融作为现代经济的核心，是支持区域协调发展的关键力量，实施结构性货币政策、推动重大区域发展战略中的金融改革与创新等举措发挥了重要作用。未来应关注金融在支持区域协调发展中存在的风险与挑战，针对重点领域、薄弱环节持续发力，促进构建新发展格局并推动高质量发展。

一、我国金融支持区域协调发展持续发力

与国际上支持区域发展的主要做法类似，我国也设立了专门支持农业领域的政策性银行，并通过结构化货币政策支持欠发达地区经济发展等。在此基础上，近年来我国还不断加大金融对重大区域战略的支持力

度，并通过设立绿色金融、普惠金融试验区等方式，精准促进区域协调发展。

（一）运用货币信贷政策工具支持区域协调发展

中国人民银行在总量稳健适度的基调下，重点发挥结构性货币政策对区域信贷投放的平衡与牵引作用，通过对信贷增长缓慢省份增加再贷款等综合措施，引导金融机构增加相应信贷投放。2021 年，中国人民银行对10 个信贷增长缓慢省份增加再贷款额度 2000 亿元，引导这些省份地方法人金融机构对区域内涉农、小微和民营企业等主体进一步加大政策支持力度。2021 年末，全国涉农贷款余额 43.2 万亿元，同比增长 10.9%。其中，中部、西部和东北地区涉农贷款同比分别增长 11.0%、9.8% 和 3.0%，比2020 年末分别高 0.1 个、0.8 个和 3.1 个百分点[①]。

（二）因地制宜发挥金融对重大区域战略的支持作用

一方面，针对国务院批复的 21 个自贸试验区及海南自贸港，不断加大金融支持力度，特别是在跨境投融资便利化、金融机构准入、跨境金融服务等领域持续推动金融改革开放，助力自贸区（港）高质量发展。如为支持海南自贸港建设，中国人民银行、原银保监会、证监会和外汇局发布《关于金融支持海南全面深化改革开放的意见》，从提升人民币可兑换水平支持跨境贸易投资自由化便利化、完善海南金融市场体系、扩大海南金融业对外开放、加强金融产品和服务创新、提升金融服务水平、加强金融监管防范化解金融风险等六个方面提出 33 条具体措施，这对弥补海南金融短板、夯实海南金融基础等方面发挥了重要作用。

---

① 资料来源：中国人民银行，《中国区域金融运行报告（2022）》。

另一方面，围绕粤港澳大湾区、长三角一体化等区域重大战略出台金融支持措施。如为加快推进上海国际金融中心建设和长江三角洲区域高质量一体化发展，充分发挥上海国际金融中心的龙头辐射和带动作用，相关部门先后出台了《中国人民银行关于金融支持中国（上海）自由贸易试验区建设的意见》《进一步推进中国（上海）自由贸易试验区金融开放创新试点加快上海国际金融中心建设方案》《关于进一步加快推进上海国际金融中心建设和金融支持长三角一体化发展的意见》《全面推进中国（上海）自由贸易试验区临港新片区金融开放与创新发展的若干措施》等一系列政策文件。

（三）多措并举推进普惠金融发展

1. 积极开展现代普惠金融试点，完善现代普惠金融体系

自 2020 年山东省临沂市获批全国首个普惠金融服务乡村振兴领域试验区以来，已有浙江省宁波市，福建省宁德市、龙岩市，河南省兰考县，江西省赣州市、吉安市共五省七地获批普惠金融改革试验区。从具体政策看，各普惠金融改革试验区根据自身资源禀赋错位发展，已获得积极成效。如山东临沂在齐鲁股权交易中心（区域性股权交易市场）专设临沂乡村振兴板，截至 2021 年底已有 31 家企业挂牌。福建宁德、龙岩，江西赣州、吉安等革命老区和欠发达地区试验区，不断提升金融服务覆盖率，推动革命老区振兴发展。如截至 2021 年末，宁德、龙岩分别建有 2070 个、2143 个普惠金融服务点，实现普惠金融服务站村村全覆盖[①]。

---

① 资料来源：中国人民银行，《中国区域金融运行报告（2022）》。

2. 发挥政策性开发性银行作用，支持区域协调发展

1994 年，我国设立了国家开发银行、中国进出口银行和中国农业发展银行三大政策性开发性银行，改变了只有政策性金融业务但没有专业化政策性金融机构的状态，相对完整的政策性金融体系由此诞生。近年来，政策性开发性银行在支持区域协调发展中发挥了重要作用。以中国农业发展银行为例。截至 2022 年，中国农业发展银行已出台 15 个服务国家区域发展战略的支持意见，基本实现了对国家区域重大战略和区域协调发展战略的全覆盖。其中，在助力脱贫攻坚和乡村振兴过程中，中国农业发展银行的定向支持作用更为突出。2021 年，中国农业发展银行印发了《关于新时代支持西部大开发形成新格局的指导意见》，针对充分发挥农业政策性银行职能作用和支持西部大开发提出了多项支持措施。

3. 利用金融科技提升金融服务覆盖面

近年来，随着金融科技的快速发展，金融机构积极利用大数据、区块链等技术手段，助力发展普惠金融、供应链金融。这在一定程度上缓解了西部偏远地区服务网点偏少的难题，提高了金融服务覆盖面，有利于降低小微企业、居民、困难群体获取金融服务的成本。广西加强科技赋能跨境区块链平台融资，开展"百强千企聚链"工程，2021 年累计为 239 家企业发放贷款 2139 笔，融资金额达 95.2 亿元[①]。

此外，我国绿色金融改革创新试验区建设、碳汇产品等绿色金融发展也促进了欠发达地区的经济社会发展，对区域协调发展起到了推动作用。

---

① 何丰伦：《五大举措推动广西跨境资金规模突破 600 亿美元大关》，新华财经，2022 年 1 月 26 日。

二、金融政策区域化的国际经验

（一）实施差异化的货币金融政策

从国际经验看，多国央行都曾通过制定特殊的货币金融政策，为欠发达地区提供金融支持。如美联储为鼓励资金流向西部欠发达地区，根据银行和地区差异设置了差异化的存款准备金率。1917 年美联储规定中心储备城市银行的存款准备金率为 13%，储备城市银行的存款准备金率为 10%，乡村银行的存款准备金率为 7%。1945 年以来，美国法定准备金率变动频繁，但依据不同地区银行设置不同准备金率的做法没变[①]。此外，美国在金融机构的准入与监管方面也实施了差异化的制度安排。如在设立银行的资本金要求方面，美国对最低资本金的要求与银行所在地人口相关：人口低于 6000 人的地区设立银行，最低资本金要求为 5 万美元；6000 人到 5 万人的地区设立银行，最低资本金要求为 10 万美元；超过 5 万人的地区设立银行，最低资本金额则为 20 万美元。在监管制度方面，美国《社区再投资法》规定州立银行的资金首先应满足当地经济发展的需要，不得随意跨州经营；同时，还需拨出一部分专项资金用于银行所在地黑人和贫困居民经济活动的需要[②]。

（二）成立政策性金融机构提供专项服务

美国为支持不同区域经济发展，曾先后成立农业信贷机构、住宅建设信贷机构等多种类型的政策性金融机构。这些政策性金融机构在促进

---

① 王东明、潘再见：《欧盟和美国的区域货币金融政策及其借鉴》，《浙江金融》，2014 年第 1 期，第 29–32 页。

② 人民论坛网，《区域金融调控政策国内外经验与启示》，2015 年 3 月 27 日。

欠发达地区发展中起到了重要作用。日本为促进金融支持北海道等相对落后地区的发展，设立了北海道开发公库这一政策性金融机构。印度为支持农村金融发展，成立了农业和农村发展银行。这些银行通过向欠发达地区及农业等薄弱领域提供利率更低、期限更长的优惠贷款，来支持区域协调发展。

（三）设立基金支持区域协调发展

欧盟将设立特殊目的发展基金作为消除或缩小区域差距的重要金融政策。这些基金被统称为"结构和投资基金"，主要用于支持落后国家（地区）的经济发展，促进农村地区发展等。包括欧洲区域发展基金（European Regional Development Fund）、欧洲社会基金（European Social Fund）、凝聚力基金（Cohesion Fund）、欧洲农村发展农业基金（European agricultural fund for rural development）及欧洲海洋和渔业基金（Europe Marine and Fishery Fund）。基金的资金主要由成员国按其 GDP 的一定比例缴纳，纳入欧盟财政预算统一管理。据统计，近年来欧盟约一半的预算资金通过欧洲结构和投资基金进行分配，且大部分资金投向欧盟经济相对落后的国家和地区。在投资过程中，基金还会公布优先投资领域，且会针对不同国家（地区）做出差异化要求。以欧洲区域发展基金为例，该基金 80% 以上的金额投向人均国内生产总值低于欧盟平均水平 75% 的地区，2021—2027 年优先投资领域包括"对中小型企业的创新和支持""数字化和数字连接""环保低碳""支持有效和包容性的就业、教育、技能、社会包容和平等获得医疗保健""加强文化和可持续旅游业""可持续城市发展"等。在使用要求方面，针对"支持建设一个更具竞争力和更智能的欧洲"（PO1），以及"向净零碳经济和韧性欧洲的更绿色、低碳转型"（PO2）两个政策目标，规定更发达成员国（地区）

至少将所获得基金的 85% 用于 PO1 和 PO2，欠发达成员国（地区）则至少将所获得基金的 25% 用于 PO1，其他中间成员国（地区）应将所获基金的 40% 用于 PO1[①]。此外，欧洲投资银行还会通过发放贷款配合基金使用。

三、金融支持区域协调发展的潜在风险与未来发展思路

（一）潜在风险

尽管金融支持区域协调发展取得积极成效，但我国由于区域发展水平仍存在较大差异，故在金融促进区域协调发展方面仍存在潜在风险。

一是先行先试地区存在"政策红利"竞争的风险。随着国内金融支持区域发展政策、金融改革试验区政策的陆续出台，区域之间的竞争加剧，金融业有序开放的良性竞争存在演化为"政策红利"或"制度红利"竞争的风险。如某项政策在某一开放平台实施后，其他开放平台也会竞相申请。这可能导致政策及后续业务同质化，各地之间竞争加剧。

二是存在部分地区政策承接力有限的风险。近年来，我国各地资源禀赋存在显著差异，部分地区由于当地经济、金融主体较弱，金融改革创新政策获批后难以落地，导致资源浪费甚至可能扰乱市场秩序。

三是部分欠发达地区存在潜在金融风险。近年来，部分欠发达地区累积的债务增加，在房地产等领域的风险加大，叠加中小金融机构在公司治理等方面存在的缺陷，防控区域金融风险的压力加大。

此外，由于风险投资等市场化金融资本更多流向具有更高利润率的东部地区，中西部地区金融资源不足的劣势还有进一步扩大风险。

[①] 数据来源于欧盟委员会。

（二）相应的建议

面对金融支持区域协调发展中存在的风险和挑战，建议立足于我国已有实践，借鉴国际有益经验，重点从以下几方面继续优化政策。

一是进一步深化区域金融支持政策。首先，要继续通过再贷款、再贴现等货币政策工具，加大对经济欠发达地区的定向支持。其次，可考虑针对重点欠发达地区的重点领域，在金融机构准入、监管等方面出台特定优惠政策，推动当地金融业发展壮大。再次，可鼓励地方政府进一步完善营商环境，有条件的地区可通过提出适当财政贴息和奖补措施，降低金融业发展成本，吸引外部金融资源流入。最后，要进一步提高政策性金融机构的服务效能，探索与当地商业银行创新合作方式，弥补当地服务网点少的不足，加大对当地的支持力度。

二是及时总结试点经验并适时择地推广。深化区域金融改革创新，及时合理调整试点目标、任务和内容；对于经过一段时间探索的区域金融改革试验区，及时结束试点并对其进行总结，特别是需要研究哪些政策措施可在何种范围内复制推广。

三是进一步提升欠发达地区的金融服务能力。首先，要引导金融机构总部特别是国有大型银行总行加大对中西部地区分支机构的对口支援和扶持，特别是向资金、人才等领域倾斜。其次，要加快金融科技在中西部地区的宣传、推广和应用，利用科技赋能进一步提高金融服务广度和深度。最后，要帮助欠发达地区中小法人金融机构及时识别、化解金融风险。

四是发挥政府引导基金作用，支持区域协调发展。近年来，我国政府引导基金数量不断增加，规模不断扩大，在支持创新、产业和区域发展方面发挥着越来越重要的作用。建议未来一方面，推动已成立的跨区域政府引导基金加速落地，支持区域协调发展；另一方面，鼓励各地引导基金将推动跨区域合作纳入政策目标，尤其是在京津冀、长江经济带、粤港澳大湾区等产业基础较强的地区，可探索引导基金项目资源共享，提高基金投资效率。

五是进一步促进区域间的金融合作交流。一方面，按照建设全国统一大市场的要求，进一步打破区域行政的隐形壁垒和市场分割，促进资金等金融资源在区域间的流动；另一方面，加强金融基础设施的共建共享共用，如可在一定区域范围内构建统一的企业资信评级标准和相互认定体系，促进资源优化配置。

第五节　加快发展慈善金融，
助力实现共同富裕

通俗地说，慈善是不计回报地帮助需要帮助的群体。广义的慈善活动既包括跨国界的发展援助、人道主义援助，也包括一国内部对弱势群体的帮扶。根据我国慈善法定义，慈善包括扶贫、济困、扶老、救孤等多种活动形式，涵盖教育、科学、文化、卫生、体育、生态环境等多类社会公益事业。金融作为资源配置的重要工具，与慈善业的结合有利于做大"慈善蛋糕"，更好地发挥其在第三次分配中的重要作用，促进实现全体人民的共同富裕。从国际上看，金融在助力企业、慈善基金会以及个人开展慈善活动的过程中，逐步形成了专业化的"慈善＋金融"（本文称之为"慈善金融"）产品，如负责任投资、影响力投资、ESG 产品、信托计划等。从国内看，我国慈善金融在服务脱贫攻坚、乡村振兴等国家战略中发挥了重要作用，但与促进慈善业更好发挥在第三次分配中作用的要求相比还存在提升空间。未来，我国慈善金融可进一步完善相关政策，通过加强信息披露、工具指引、公众宣传等措施提升其支持效能，更好地促进第三次分配优化，助力实现共同富裕目标。

一、我国慈善金融发展的现状及不足

近年来，随着企业和个人慈善资产管理需求提升，慈善基金、公益理财、慈善信托等金融工具逐步丰富，慈善金融行业呈现出良好发展前景。

（一）发展现况

我国金融业积极履行社会责任，在服务脱贫攻坚、乡村振兴战略中，通过加大对重点地区金融资源倾斜、完善农村基础金融服务等举措，大力支持构建现代乡村产业体系，充分发挥了"资本向善"的作用。

1. 中央银行在金融支持乡村振兴等国家战略中发挥引领作用

作为我国的中央银行，中国人民银行不断完善金融政策和组织体系，推动金融支持扶贫攻坚、乡村振兴等重大国家战略。截至 2020 年底，中国人民银行共牵头出台金融助推脱贫攻坚政策文件 30 余份，组织银行、证券、保险等金融机构合力攻坚，全力推动金融服务到村到户到人。2016—2020 年，中国人民银行累计发放贫困人口贷款近 3 万亿元、产业精准扶贫贷款 4 万亿元，累计支持贫困人口 9000 多万人次。中国人民银行还综合运用货币政策工具，实施差别化存款准备金率政策，创设并完善扶贫再贷款，引导金融机构扩大对贫困地区的信贷投放，降低贫困地区融资成本[1]。近三年来，中国人民银行又在乡村振兴领域持续发力，推动《关于金融支持巩固拓展脱贫攻坚成果 全面推进乡村振兴的意见》落地见效，促进金融精准扶贫和乡村振兴金融服务有效衔接。2022 年末，我国本外币涉农贷款余额 49.25 万亿元，同比增长 14%，增速比 2021 年末高 3.1 个百分点；人民币普惠金融领域贷款余额 32.14 万亿元，同比增长 21.2%，比各项贷款高 10.1 个百分点[2]。

2. 金融业积极支持慈善事业发展

金融机构积极开发针对企业、社会组织和个人慈善事业的金融工具，

---

[1] 数据来源于中国政府网。

[2] 数据来源于光明网 2023 年 2 月 4 日发文《涉农贷款增速持续增长 本外币涉农贷款余额同比增长 14%》

引导资本向善；具体产品包括负责任投资、ESG 相关指数产品、慈善理财产品、保险等。在基金领域，ESG 主题公募基金的投资策略大多为负面筛选机制的，主要用于防控风险。截至 2023 年 6 月底，我国全市场 ESG 投资基金数量为 774 只，总规模超过 6000 亿元[①]。ESG 指数方面，多家评级机构及指数公司相继推出多个 ESG 指数，如中央财经大学绿色金融国际研究院与京东数科共同发布的"ESG 行业系列指数"等。理财方面，"银行系"ESG 主题理财产品日趋成熟。截至 2022 年 10 月，银行理财产品市场中以 ESG 为主题的产品有 152 只。与此同时，ESG 主题下专门投向慈善的细分领域理财产品也不断丰富，如信银理财携手浙江省慈善联合总会推出的专项慈善理财产品——"信银理财金睛象项目优选（同富）系列封闭式理财产品"已累计发行 4 期，规模达 11.7 亿元，产品产生的超额收益已全部捐赠。该产品中，投资人在购买特定慈善理财产品时，可以将部分理财收益作为捐赠款直接转至浙江省慈善联合总会账户，用于开展包括推动共同富裕、乡村振兴、绿色发展等在内的各类慈善项目和公益活动[②]。

　　金融机构通过捐赠、提供针对性公益服务等，积极探索慈善实践。如建设银行提出带上员工做公益、带着客户做公益、带动机构做公益、融合业务做公益的"三带一融合"公益理念，探索银行公益新模式。广发银行建立积分公益平台，组织开展"好好生活，一起精彩"系列主题活动，与用户共同实施乡村儿童阅读、营养、体育、美育助力等计划。2022 年积分公益平台累计参与人次超过 26 万。同时，广发银行希望慈善基金捐赠1116 万元，在广东、广西、湖北、新疆等 12 个省份开展了学生资助、希望厨房、希望操场、留守儿童亲情屋等十余类公益慈善项目，受益师生共

---

　　① 资料来源于《上海证券报》2023 年 7 月 10 日文章《公募 ESG 理念本土化尝试：6000亿元资金"谋变"》。

　　② 资料来源于《21 世纪经济报道》2023 年 4 月 28 日发表的文章《信银理财总裁谷凌云：创新"慈善＋金融"模式 深入促进实现共同富裕》，作者黄桂煊。

计超过 2 万人次 ①。

3. 慈善金融发展的制度保障体系不断完善

我国慈善金融发展的制度体系逐步完善。2016 年实施的《中华人民共和国慈善法》，第一次从法律层面提出慈善信托的概念，使得慈善信托的机制更加灵活、运营监管更加规范。2018 年民政部出台《慈善组织保值增值投资活动管理暂行办法》，规范了慈善组织的投资活动，推动慈善公益事业和银行理财、基金、信托、保险等形成良性互动，有助于促进慈善公益事业的可持续发展。此外，针对国有资产投资，行业主管部门也出台了指导规范，如国务院国资委发布的《关于中央企业履行社会责任的指导意见》《关于国有企业更好履行社会责任的指导意见》等。

4. 对社会责任投资的社会关注度日益提高

社会各界对企业在社会责任方面的研究和评价不断增多。如中国社科院发布的《中国企业社会责任研究报告》，以中国企业 100 强系列为研究对象，剖析了中国企业社会责任发展趋势和特征。润灵环球责任评级从整体性、内容性、技术性和行业性四个维度对上市公司发布的社会责任报告进行评价。中国企业管理研究会社会责任专业委员会和北京融智企业社会责任研究院联合发布的《中国上市公司社会责任能力成熟度报告》蓝皮书，提出了"资本市场社会责任发展成熟度综合指数"概念，以研究和反映中国资本市场的社会责任发展阶段。

与此同时，社会上对 ESG 特别是"S"的关注度逐步提高。从全球来看，从事慈善投资的人群在"E""S""G"三个因素中最为关注"S"。如 Vistra（瑞致达）发布的《2021 全球私人财富与慈善事业展望：后疫情时代的发展趋势》中，受访人群进行慈善投资时最重视的"E""S""G"因

---

① 资料来源于金融界网站的百家号于 2023 年 5 月 25 日发表的文章《中国人寿集团成员单位广发银行金融助力共同富裕 满足人民群众对美好需要》。

素中，选择"S"因素的比例最高，约占41%；其次为"G"因素，约占31%；最后是"E"因素，约占28%。我国也存在类似趋势，ESG近年来的发展也是最早从社会责任领域"S"开始，且公众对一家企业是否负责任的评判标准主要集中在捐赠、参与社会慈善事业等"S"维度。

（二）慈善金融发展存在的不足

1. 慈善金融发展面临信息制约

当前，慈善金融的信息制约主要表现为企业与金融机构之间关键问题和指标的信息不对称，这在一定程度上与我国企业社会责任等信息披露制度尚不完善有关。从发展历程来看，我国对企业社会责任的披露要求从上市公司开始。深交所2006年9月发布《上市公司社会责任指引》，鼓励公司自愿披露公司社会责任报告；上交所2008年5月发布《关于加强上市公司社会责任承担工作的通知》及《上市公司环境信息披露指引》，鼓励上市公司披露社会责任报告。原国家质量监督检验检疫总局和国家标准化管理委员会发布了《社会责任指南》（GB/T36000-2015）、《社会责任报告编写指南》（GB/T36001-2015）、《社会责任绩效分类指引》（GB/T36002-2015）等标准体系。由于这些披露制度总体上以鼓励为主，导致企业已披露的社会责任报告等公开报告也多以描述性披露为主，偏重于宣传各自在环保、社会责任等领域的成绩，对一些负面指标鲜少涉及，且不同企业披露数据差别较大，不具备可比性。在此背景下，金融机构很难据此做出准确的负责任投资决策，进而影响到慈善金融的发展。

2. 激励措施手段不足

我国针对慈善业发展的激励措施尚不完善。我国针对企业和个人的公益性捐赠支出有一定的税收优惠政策，如准予企业在利润总额的12%以内扣除等。但与发达国家相比，我国对企业、个人超出当年扣除限额不能结转的要求相对更为严格，且针对非营利性慈善组织的扶持激励措施较为有限。2010—2016 年基金会全行业资产收益率仅为 1.2%，2/3 的基金会只存款不投资，很多个人慈善组织面临入不敷出的困境，影响到慈善事业的可持续发展[①]。

我国金融监管部门也未针对金融业进行慈善服务创新出台系统性的引导与激励措施，金融机构对慈善产品和服务的开发还处于各自探索阶段，未形成全行业的积极性。

3. 社会认知度和共识还有待提高

尽管我国社会层面对金融扶贫、金融支持乡村振兴、普惠金融有一定的认知度，但对于"慈善金融"这个更为广泛概念的范畴的认知还处于起步阶段，很多高净值人群对慈善信托等资产配置产品的了解也较为有限。这在一定程度上从需求层面制约了慈善金融业的发展。

二、国际慈善金融的发展情况

从国际上看，慈善金融并无权威性的概念与内涵界定，一般泛指区别于单纯追求财务回报的传统金融活动，以支持慈善（公益）事业发展、促进全社会福祉提升为目的的金融产品和服务。实践中，慈善金融的概念有狭义与广义之分。狭义的慈善金融一般只与服务于社会领域的相关金融活动相关，如支持捐赠、弱势群体发展等；广义的慈善金融则包含了改善环境、促进可持续发展等有利于社会福祉提高的全部金融活动，如 ESG 投资、影响力投资等[②]。近年来，慈善金融的发展逐步完善，工具也越来越丰

---

① 数据来源于 2019 年中国基金会发展论坛资料。
② 本部分在介绍发展现状时以广义慈善金融为口径，但对我国的分析则侧重对共同富裕产生影响的社会领域目标方面。

富，包括基金类、信托类以及储蓄银行类等模式。

（一）责任投资

慈善类基金主要表现为"责任投资"，其产生背景是 20 世纪六七十年代经济高速增长带来了环境、社会割裂等挑战，欧美的公众进行了环保、关注底层群体等运动，抵制和抗议企业因过度追求利润而破坏环境、浪费资源，造成贫富差距扩大化。1992 年始，联合国开始举办环境与发展会议，并提出《21 世纪议程》，倡导在促进发展的同时注重环境的保护，这成为在世界范围内注重经济可持续发展的开端。与此同时，与环境、社会相关的各类法律法规不断充实完善，相关概念也被引入投资领域，诸多国际指引和国际原则等纲领性文件，如 2006 年联合国责任投资原则（UN PRI）陆续出台。于是，责任投资的概念逐渐进入理论研究者、政策制定者和投资者的视线。

1. 部分国家对责任投资进行制度规范

欧洲很多国家关于企业社会责任（CSR）发展的强制性规范与责任投资有关。如养老金计划的社会与环境标准，对 CSR 投资的信息披露做出要求，以及建立相关评估和问责审计机制等。如英国 1999 年在其养老金计划修正条例中，明确鼓励养老金在社会负责任的投资方面起到先锋带头作用；瑞典 2000 年发布《国家养老基金：企业计划中要陈述必须在投资时加以考虑的环境与道德方面内容》；法国在其《新经济规制法》中规定，企业的定额储蓄计划在买卖证券和投票时，必须提高在社会、环境和伦理方面的责任意识。

2. 市场化的责任投资产品逐渐丰富

近年来，国际上影响力较大的责任投资产品包括基金类、指数类等一般与 ESG 领域相关。据统计，截至 2021 年底，全球 ESG 主题的 ETF 产品总额为 3987 亿美元，为 2018 年的近 7 倍。美国市场上目前规模最大的

ESG 主题 ETF 产品是贝莱德集团旗下的安硕 MSCI KLD 400 社会责任 ETF，这也是目前唯一的资产规模超过 10 亿美元的 ESG 指数基金。国际主要指数公司都推出了 ESG 指数及衍生投资产品，如明晟 MSCI ESG 系列指数、富时 FTSE4Good 系列指数等。除评级公司布局 ESG 指数外，部分交易所、资管、基金等金融机构也进行了 ESG 指数研发。此外，ESG 衍生品也发展较快，纳斯达克推出 OMXS30ESG 期货、洲际交易所（ICE）新推出了 4 个 ESG 期货合约等。

（二）慈善信托

慈善信托最早可以追溯到中世纪的英国，是教会管理信徒捐赠资产的重要工具。现阶段，广义的慈善信托是指通过信托的形式，为企业、慈善基金会及高净值人群提供捐赠、财产保值增值等资产管理服务。

企业发起的慈善信托一般是大企业实施社会责任战略的工具，主要服务于对社会的捐赠、为基金会提供资助等。如日本著名建筑公司积水住宅株式会社（SEKISUI）和宝洁公司共同出资，于 1996 年设立了旨在赞助并促进神户市国际性、文化性社区建设的公益信托。慈善信托能够实现企业控制权、经营权和收益权的有效分离，且能够传承家庭财富，获得越来越多大企业特别是家族式企业的青睐。

慈善基金会也通过慈善信托来管理慈善财产。如国际上著名的梅琳达 - 盖茨基金会、巴菲特基金会等都是上下两层结构，下层是基金会，负责公益活动，上层是慈善信托，负责管理投资资产以获得收益来支持基金会的发展。近年来，很多国家（地区）基本已形成"合理投资—获取回报—部分收益用于慈善—剩余收益和本金继续投资"的良性运作模式。[1]

---

[1] 陆建强：《共同富裕、公益金融与企业家财富升维》，《浙江金融》，2022 年第 4 期，第 3–7 页。

个人慈善活动也有很大比例以慈善信托的方式展开。瑞致达发布的《2021全球私人财富与慈善事业展望：后疫情时代的发展趋势》中的调研结果显示，约48%的受访者以家族信托的方式掌管财富，约31%的受访者以企业方式掌管财富，约22%的受访者由个人掌管财富。分地区来看，在亚太地区，慈善信托的方式更受欢迎。此外，很多高净值人群还通过金融机构进行慈善类资产配置，如投资基金，购买银行的理财产品，等。

（三）慈善类储蓄银行

慈善类储蓄银行有时也被称为信托银行、节俭银行，最早出现在18世纪末的英国，鼓励低收入群体储蓄并实现"自助"，减少贫困。当前国际上这一类实践较为著名的是孟加拉国小额信贷的发展，其经验被很多发展中国家模仿或借鉴，在化解贫困、促进小额信贷机构可持续发展等方面具有实践意义。孟加拉国从事小额信贷业务的主要机构包括格莱珉银行（Grameen Bank）、社会进步协会（Association for Social Advancement）和孟加拉国乡村发展委员会（Bangladesh Rural Advancement Committee）等微型金融机构，其主要发展模式具有以下特征。

1. "小组＋中心＋金融机构工作人员"的贷款管理模式

孟加拉国小额信贷业务向最贫穷的群体提供无抵押小额贷款，多采取"小组＋中心＋金融机构工作人员"的小额信贷管理模式，这是一种较为成熟的扶贫金融模式，即由5个左右村民组成1个小组，50人左右成立1个中心，每个乡村有1~2个中心，三四十个乡村成立1个支行。小组和中心均由村民组成，承担贷款的初步审核工作，支行设有专职工作人员对贷款申请进行最后的核查和批准。此种模式需要小组成员之间的相互支持和自我管理，既减少了金融机构的管理成本，又降低了贷款过程中可能出现的道德风险，保证了资金安全。

2. 短期借贷、每周本息还款的贷款回收机制

为降低金融风险，孟加拉国小额信贷的回收机制具有如下特点：一是贷款期限较短，一般为一年；二是对贷款人的初始授信额度较低，随后会根据其信用情况逐步提高额度；三是还款周期较短，一般实行每周本息还款制，从获得贷款的第一周开始由信贷员到村里收取；四是若出现贷款人到期无法还款的情况，首先在小组内进行互助解决，在该成员还款问题没有解决的情况下，原则上小组所有成员均失去申请新贷款的资格；五是在经调查确实有需要的情况下，微型金融机构也会将旧贷款转化为长期贷款，以便贷款者可以通过更小的还款额缓慢偿还。此外，微型金融机构还通过扣除一定比例的贷款或强制储蓄建立风险基金、推广微型保险等手段保证贷款回收率。资料显示，孟加拉国小额贷款的回收率较高，据孟加拉国农村就业支持基金会[①]统计，其合作的 275 家小额信贷机构截至 2016 年 6 月的平均贷款回收率为 99.69%。

3. 高效运营的金字塔式管理结构

以社会进步协会为代表的微型金融机构所采取的金字塔式管理结构，不仅大大提高了运行效率，还可以降低分支机构的运营成本。目前，社会进步协会的管理模型已推广至 28 个国家。社会进步协会的管理结构具体包括：5 人组成一个分支机构（包括 1 个负责人，4 个信贷员），每 6 个分支机构设 1 个小区，小区上面设大区；公司分支机构不设专职会计人员，由每个信贷员承担会计职责；资金使用效率很高，信贷员收取的还款可以即时用于放贷，一般上午收取的还款下午就可以贷出去，盈余存在

[①] 孟加拉国农业就业支持基金会于 1990 年由孟加拉国政府提供 1.1 亿达卡作为初始基金成立，隶属于孟加拉国财政部金融司，是一个区别于零售式小额信贷机构的批发式小额信贷机构。PKSF 以非政府组织、半官方机构以及个人组成的团体等作为合作机构，利用包括财务、制度、咨询和培训等多种形式和方式加以协助，帮助无土地或无资产的贫民增加收入或就业机会，从而达到扶贫的目的。

当地商业银行；信贷员的工资收入不与具体业绩挂钩，而取决于工作年限；信贷员考核晋升的指标为其业绩，包括客户数量、贷款余额和盈利情况等。

4. 在营利性和社会性之间追求综合效益最大化

孟加拉国很多微型金融机构的性质为非营利企业，其利润并非用于分派给股东，而是用作业务再投资以达到消除贫困的目的。因此，规模较大的微型金融机构多为综合经营机构，一方面通过成立营利性企业，保证机构的可持续发展，另一方面致力于实现向穷人提供教育、医疗、就业机会等社会目标。以孟加拉国农村发展委员会（BRAC）为例，其下属企业既包括牛奶厂也包括移动金融分公司 bKash 等，这些企业与 BRAC 的发展紧密相连，不仅为总公司贡献了利润，而且还分散了总公司小额信贷业务的风险。例如，牛奶厂通过对贷款人的牛奶进行回收，提高了贷款人的还款能力，从而保证了贷款回收率；bKash 通过吸收存款为 BRAC 的银行提供了低成本借贷资金。

三、进一步推动慈善金融发展的思路

（一）金融监管部门尽快出台慈善金融发展的指导意见

我国一直对"企业家精神""社会责任""资本向善"议题高度关注，但当前尚未形成较为全面的支持慈善金融发展的政策体系。建议由中国人民银行牵头相关部门出台支持慈善金融发展的指导意见或发展规划，为慈善金融发展提供政策引导。

（二）进一步完善慈善与慈善金融信息披露制度

一方面，针对企业从事慈善等社会公益活动的信息披露，建议借鉴国际经验，构建从自愿披露，到附条件"不披露即解释"，再到强制性披露的时间表和路线图。我国企业层面社会责任发展的时间还比较短，尚处于起步阶段，甚至还有很多企业将其单纯视为企业成本，履责意识不强。建议循序渐进，从软干预入手，制定推动企业履行社会责任的共同标准、披露规则，并鼓励企业自愿参与，同时探索税收、融资等方面激励措施，且促进利益相关者对话，提高企业履行社会责任的积极性和自觉性；待时机成熟时，再逐步过渡到半强制、强制的制度安排。

另一方面，鼓励金融机构进行慈善金融创新并及时披露，对做得好的金融机构可给予一定奖励，并在行业内做案例推广，形成示范效应，吸引更多金融机构积极参与。

（三）引导中介组织等良性发展

在欧洲推动企业履行社会责任的过程中，中介组织发挥了重要作用。除参与政策制定的讨论和措施的实施外，中介组织还承担了审计等职能。建议鼓励咨询机构、评估机构等积极开展慈善活动及企业履责评价评估工作，防范"漂洗"行为。同时，行业主管部门可发布相关规范，引导中介组织良性发展并发挥积极作用。

此外，还要做好社会宣传，加深企业、公众特别是高净值人群对第三次分配的理解，激发企业积极履行社会责任的主动性。同时，提高投资者对慈善类理财产品的认识，督促银行等金融机构开发更多有针对性、差异化的理财产品，满足人民群众多样化的慈善需求。

参考文献

［1］陈赤，管百海.发挥信托制度优势助力共同富裕［J］.清华金融评论，2022（03）：41—44.

［2］楚尔鸣，曹策，李逸飞.结构性货币政策：理论框架，传导机制与疏通路径［J］.改革，2019（10）：9.

［3］高皓，许媒.私人银行在第三次分配中的优势［J］.中国金融，2022（14）：94-95.

［4］何德旭，王学凯.金融如何助力共同富裕［J］.财经智库，2022（01）：5-20+145-146.

［5］何立新.中国城镇养老保险制度改革的收入分配效应.经济研究，2007（03）：12.

［6］黄薇.大病保险助推共同富裕［J］.中国金融，2022（16）：57-58.

［7］贾洪波，方倩.基础养老金省级统筹到全国统筹再分配效应的比较静态分析［J］.保险研究，2015（1）：100-111.

［8］江婕，高尚，王正位.金融消费者保护对家庭股票投资参与的影响研究［J］.新金融，2020（5）：5.

［9］姜晓萍，吴宝家.人民至上：党的十八大以来我国完善基本公共服务的历程、成就与经验［J］.管理世界，2022（10）：56-70.

［10］解垩.与收入相关的健康及医疗服务利用不平等研究［J］.经济研究，2009（02）：93-105.

［11］李红坤，祁永正.普惠保险、民营企业与共同富裕——中介效应

与调节效应的分析［J］.保险研究，2022（08）：17-32.

［12］李鸿敏，刘云婷.保险业助力共同富裕的浙江样本［J］.中国保险，2022（6）：5.

［13］李怀瑞，田思钰，邓国胜.风险—能力耦合：精准扶贫中的分配正义研究［J］.华中农业大学学报（社会科学版），2020（03）：12.

［14］李腾，季柳.商业银行助力共同富裕建设的路径和举措［J］.产权导刊，2022（06）：59-62.

［15］李永友，郑春荣.我国公共医疗服务受益归宿及其收入分配效应——基于入户调查数据的微观分析［J］.经济研究，2016，51（07）：132-146.

［16］林莞娟，刘一鸣，孟涓涓.正式保险对非正式风险分担机制的挤出效应——一个实验研究［J］.金融研究，2014（02）：125-138.

［17］刘乐山.国外调节收入差距的财政措施及启示［P］.中国经济规律研究会第十八届年会会议论文，2008.

［18］刘培林，钱滔，黄先海，等.共同富裕的内涵、实现路径与测度方法［J］.管理世界，2021（8）：117-127.

［19］陆岷峰.共同富裕的内涵与商业银行的支持路径［J］.现代金融导刊，2022（02）：18-23.

［20］罗向明，张伟，丁继锋.地区补贴差异，农民决策分化与农业保险福利再分配［J］.保险研究，2011（5）：11-17.

［21］宁光杰，雒蕾，齐伟.我国转型期居民财产性收入不平等成因分析［J］.经济研究，2016（04）：116-128.

［22］牛一淳.共同富裕背景下医疗救助支出效果研究——以山西省为例［J］.中国医疗保险，2022（08）：39-42.

［23］邱晓华，李衡，徐灼，等.新征程上我国保险业服务共同富裕的功能研究［J］.保险研究，2022（4）：3-8.

［24］瑞士再保险研究院.西格玛研究报告［R］,2022.

［25］田轩,丁娜.金融推进共同富裕基本逻辑与实践路径［J］.四川大学学报（哲学社会科学版）,2023（03）:72-80+192.

［26］王延中,龙玉其,江翠萍,等.中国社会保障收入再分配效应研究——以社会保险为例［J］.经济研究,2016（02）:13.

［27］温树英.国际金融监管改革中的消费者保护法律问题研究［M］.中国人民大学出版社,2019.

［28］吴成丕.中国医疗保险制度改革中的公平性研究——以威海为例［J］.社会保障制度2003（6）,10.

［29］吴敏,郭新元,林群,等.金融助力共同富裕的理论机理、模式探索——基于商业银行的视角［J］.国际金融,2023（01）:69-75.

［30］肖宇,汪溢博.金融支持共同富裕的理论机理和路径选择［J］.农村金融研究,2022（1）:35-41.

［31］晏景瑞,朱诗怡,杜金岷.金融科技如何促进共同富裕:理论机制和经验证据［J］.经济问题探索,2022（10）:16-32.

［32］杨涛.金融创新助力实现共同富裕［M］.北京:人民日报出版社,2022.

［33］杨牧,贾兴鹏.易纲:普惠金融具有包容性 有助于实现社会公平［EB/OL］.2016-09-01［2023-12-01］.http://world.people.com.cn/n1/2016/0901/c1002-28684569.html.

［34］于新亮等.职工基本医疗保险的收入再分配效应［J］.保险研究2022（05）:115-127.

［35］虞利明.信托业助力共同富裕的模式与路径［J］.中国金融,2022,（11）:84-85.

［36］袁吉伟.信托制度助力财富管理新时代［J］.中国外汇,2022,

（12）：64-67.

［37］张姝.以慈善信托助力共同富裕［J］.现代商业银行，2021（20）：66-69.

［38］张伟，易沛，徐静，等.政策性农业保险对不同群体的收入再分配效应［J］.保险研究，2021（06）：72-88.

［39］郑国雨.深化财富管理转型促进共同富裕［J］.中国金融，2022（24）：32-34.

［40］郑伟.养老保险制度选择的经济福利比较分析［J］.经济科学，2022（3）：74-83.

［41］郑亚莉，姚星垣.金融发展支持共同富裕的内在逻辑和路径选择［J］.浙江金融，2022（1）：10-15.

［42］中国信托业协会.信托业专题研究报告［R］，2017-2022.

［43］中国信托业协会.中国信托业服务实体经济专题研究报告（2020年）［R］，2020.

［44］Acemoglu, Daron and Robert Shimer. Efficient unemployment insurance. Journal of political Economy 107. 5（1999）: 893-928.

［45］Amaral, P. ,2017, Monetary policy and inequality. Economic Commentary 2017-01, Federal Reserve Bank of Cleveland, Cleveland.

［46］Arena, Marco. Does insurance market activity promote economic growth? A cross-country study for industrialized and developing countries. Journal of risk and Insurance 75.4（2008）: 921-946.

［47］Atkeson, Andrew. Efficiency and equality in a simple model of efficient unemployment insurance. Journal of Economic Theory 66.1（1995）: 64-88.

［48］Auclert, A., 2016. Monetary Policy and the Redistribution Channel. mimeo, Stanford University.

［49］Banerjee, A. V. and A. F. Newman. 1993. Occupationl choice and the process of development. Journal of Political Economy, 101（2）: 274–298.

［50］Beck, Ulrich. Der anthropologische Schock. Merkur 40.450（1986）: 653–663.

［51］Brei, Michael, Giovanni Ferri, and Leonardo Gambacorta. Financial structure and income inequality, Journal of International Money and Finance, Vol 131, 2018.

［52］Coibion O, Gorodnichenko Y, Kueng L, et al. Innocent Bystanders? Monetary policy and inequality[J]. Journal of Monetary Economics, 2017, 88: 70–89.

［53］David Jesuit, and Vincent Mahler, 2004, State Redistribution in Comparative Perspective: A Cross–National Analysis of the Developed Countries, Luxembourg Income Study Working Paper.

［54］Dolado, J., Motyovszki, G. and Pappa, E. ,2018, Monetary policy and inequality under labor market frictions and capital–skill complementarity. Mimeo, European University Institute, Florence.

［55］Galor, O. and Zeira, J., Income distribution and macroeconomics. Review of Economic Studies, Vol.60, No.1, 1993.

［56］Greenwood, J. and Jovanovic, B., Financial development, growth, and the distribution of income. Journal of Political Economy, Vol.98, No.5, 1990.

［57］Heathcote J, Perri F, Violante G L. Unequal we stand: An empirical analysis of economic inequality in the United States, 1967–2006. Review of Economic dynamics, 2010, 13(1): 15–51.

［58］HUANG Yiping, CHO Yujeong, TAOKunyu, et al. The Support of Monetary Policy and Macroprudential on Macroeconomic Stability. Journal of

Financial Research, 2019（12）: 70–91.

［59］Inui, M., Sudo, N., Yamada, T., 2017. Effects of monetary policy shocks on inequality in Japan. Bank of Japan Working Paper 17–e–3.

［60］J. Ignacio Conde–Ruiz, and Paola Profeta, 2007, The Redistributive Design of Social Security Systems, Economic Journal, 117（april）, 686–712.

［61］Lee, I.M., J.J. Hong, and P. Born. 2017. Insurance market development and income inequality. The International Review of Financial Consumers 2 (1): 43 – 53.

［62］Philippon. T. A. Reshef. 2012. Wages and human capital in the US finance industry: 1909–2006. Quarterly Journal of Economics, 127（4）: 1551–1609.

［63］R. Ervik, 1998, The Redistributive Aim of Social Policy: A Comparative Analysis of Taxes, Tax Expenditure Transfers and Direct Transfers in Eight Countries, LIS Working Paper（184）.

［64］Shakhov. K. 2014. The allocation of talent: finance vs entrepreneurship. EUI working paper, No. 2014/13.

［65］The role of insurance in mitigating social inequality Ward, Damian, and Ralf Zurbruegg. Does insurance promote economic growth? Evidence from OECD countries. Journal of Risk and insurance（2000）: 489–506.

［66］Weisbart, Steven. How insurance drives economic growth. New York（2018）.